生态品牌发展报告

Ecosystem Brand Development Report

(2024)

编著 | 凯度集团（Kantar Group）
牛津大学赛德商学院（Oxford University's Saïd Business School）
《财经》杂志（Caijing Magazine）

新 华 出 版 社

图书在版编目（CIP）数据

生态品牌发展报告 . 2024 / 英国凯度集团 , 英国牛
津大学赛德商学院 ,《财经》杂志编著 . -- 北京 : 新华
出版社 , 2024. 9. -- ISBN 978-7-5166-7548-9

Ⅰ . F279.12

中国国家版本馆 CIP 数据核字第 2024GW0793 号

生态品牌发展报告 . 2024

编著：英国凯度集团 , 英国牛津大学赛德商学院 ,《财经》杂志
出版发行：新华出版社有限责任公司
（北京市石景山区京原路 8 号　邮编：100040）
印刷：河北鑫兆源印刷有限公司

成品尺寸：165mm×235mm　1/16　　　**印张：**13.25　**字数：**135 千字
版次：2024 年 9 月第 1 版　　　　　　　**印次：**2024 年 9 月第 1 次印刷
书号：ISBN 978-7-5166-7548-9　　　　**定价：**58.00 元

微店

视频号小店

抖店

京东旗舰店

请加我的企业微信

微信公众号

喜马拉雅

小红书

淘宝旗舰店

扫码添加专属客服

《生态品牌发展报告（2024）》编委会

总策划

匡乐成　潘海平

主任委员

王　幸　何　刚　刘　霄　周云杰

副主任委员

张洪河　叶　菡　王梅艳

沈　建　王永霞　毛宗建　赵怀志

专家委员会

安德鲁·史蒂芬　曹仰锋　陈宇新　费利佩·托马斯

刘　学　陆定光　王　华　于保平　齐　鑫

委员

秦洪飞　刘佳音　林郁郁　许兼畅　李　珊　杨贻斌　黄唯伦　程清华

阮晓莹　李天爱　赵雨婷　赵阁宁　杨志清　滕新为　王恩浩　张　溪

（以上名单不分先后）

匡乐成

中华人民共和国年鉴社
社长、新华出版社社长

面对波动加剧、发展失衡的国际环境，世界经济体系面临前所未有的挑战。科技创新的浪潮正以澎湃之力重塑未来，物理与数字世界的融合、人工智能技术的飞跃，为社会经济注入了前所未有的动力。面对复杂多变的环境，单打独斗的企业竞争模式已不合时宜，唯有积极转型，才能行稳致远，生态品牌独特的内涵和价值已成为企业应对挑战、把握机遇的战略选择。

从新兴概念到品牌范式：生态品牌的进化路径

《中共中央关于进一步全面深化改革、推进中国式现代化的决定》中提出："必须以新发展理念引领改革，立足新发展阶段，深化供给侧结构性改革，完善推动高质量发展激励约束机制，塑造发展新动能新优势。"这一决定为"生态品牌"向"生态经济"的高质量发展指明了方向。

生态品牌的核心，在于"生态"二字。这不仅仅是生态系统的简单构建，更是一种思维方式的转变。它要求我们从线性思维转向网络思维，从封闭走向开放，从控制转为赋能。在这个生态中，每一个参与者都是价值的创造者和分享者，通过持续地交互与合作，不断激发新的增长点，形成自我进化、自我优化的能力。

过去六年中，生态品牌从新兴概念迅速成长为新质生产力发展的重要载体，不仅在中国，也在全球范围内引起了广泛关注。生态品牌通过建立理论体系、丰富实践案例、完善科学认证标准、加强国际合作等方式，打破了传统企业的边界，实现了资源的高效配置和价值的最大化创造和分享，让企业不再是孤立的个体，而是成为生态系统中不可或缺的一环，与用户、生态伙伴共同进化、共同成长。

从局部优化到集群优化，生态品牌的系统效能提升

随着全球经济社会格局的演变，生态品牌作为一种崭新的品牌范式，正引领着从品牌战略到经济模式的深刻转变。生态品牌不仅强调与用户的紧密连接，更注重构建一个多维、开放、协同的生态系统，实现生态各方共赢。这一模式的兴起，标志着企业战略的迭代升级，从单一企业间的较量转变为生态系统的进化，为全球经济注入了新的活力。

"生态品牌—生态企业—生态经济"的构建，不仅仅是品牌范

式的升级，更是一个从品牌到经济模式转变的过程。在社会经济层面，生态品牌构建了一个开放、协同、共赢的生态系统，通过资源共享和跨界合作，推动了高质量、可持续、包容性的增长，充分体现了其在促进资源和环境可持续利用方面的积极作用，引领着经济发展模式的转变。从传统的内卷竞争和零和博弈转向合作和共赢的生态经济模式，不仅促进了社会和经济的和谐共生，也为企业的社会责任提供了新的实践途径。

生态品牌的内涵与价值在于其对传统品牌理念的超越，以及对新型经济模式的塑造。通过打破数据、技术和资源的孤岛，不断突破地域、组织、技术的边界，整合跨行业、跨领域生态伙伴的资源和能力，推动形成资源要素的共享平台，促进资源配置从单点优化向多点优化转变，从局部优化向集群优化转变，从静态优化向动态优化转变；生态经济中的各行业依托大数据、人工智能等数字技术与消费者持续交互，精准把握不同消费者的需求和偏好，同时凭借柔性生产能力，为每个消费者定制个性化的产品或服务，提升了人们的生活品质和幸福感。

从"灯塔之书"到"进化之书"——生态品牌的持续演进

自2020年以来，《生态品牌发展报告》连续出版至今，每一期都承担着特定的历史使命：2020年是"灯塔之书"，首次系统阐述了生态品牌的定义及标准，为物联网时代的企业指明了品牌转型的方向；2022年是"领航之书"，深入解析了生态品牌的发展趋势，并科学建立了认证体系，为希望在品牌转型与建设方面取得突破的企业提供了实践指导；2023年是"指南之书"，进一步明确了生态品牌在全球经济中的地位与作用，深度解读了标杆案例，启迪和助力企业在不确定的环境中把握先机，实现高质量发展。期间，成功举办"生态品牌创新发展论坛""生态品牌大会"，汇聚了国内外知名专家、学者及企业领袖，共同探讨生态品牌的最新发展动态，分享最佳实践案例，为生态品牌的发展提供了宝贵的交流平台。

今年，《生态品牌发展报告》将继续发挥其引领作用，在过往研究的基础上再攀高峰，致力于为读者呈现全面、深刻且前瞻性的洞见。作为"进化之书"，深入研究"生态品牌—生态企业—生态经济"的理论链路，确立三者的定义及特征，指引企业在不确定性的环境中稳健前行，探索生态品牌与高质量发展的深度融合之道，为行业内外提供可资借鉴、易于复制的成功经验，激发广泛共识与积极行动。通过不断地探索与实践，生态品牌将成为推动中国乃至全球经济高质量发展的重要力量。期待更多企业能够加入生态品牌建设的大潮中，共同推动全球经济向着更加开放、包容、普惠、平衡、共赢的方向发展。

前 言

我们面前是一幅既充满挑战又不乏机遇的全球发展图景。当下，全球经济复苏的势头有所减弱，逆全球化、单边主义和保护主义加剧，使得世界经济体系更加碎片化；局部性的地区冲突和动荡也增加了更多不确定性。同时，科技创新的浪潮以汹涌之势席卷而来，也带来机遇的洋流。物理与数字的界限日益模糊，线上线下的世界深度融合，人工智能技术的飞跃式发展，为社会经济注入了强大的动力。科技创新唯有与管理创新相结合，才可能产生"1+1>2"的效果。面对这样的时代浪潮，企业和品牌若欲乘风破浪，就必须拥抱变化，积极寻求转型升级之道。单打独斗的企业竞争模式不再适应时代的规则，打造共创共赢共享的生态品牌，已成为众多企业的选择与共识。

生态品牌是通过与用户、生态伙伴联合共创，不断提供无界且持续迭代的整体价值体验，最终实现终身用户及生态各方共赢共生、为社会创造价值循环的新品牌范式。

建设生态品牌不仅仅是战略上的调整，更是对未来趋势的深刻洞察与主动适应。在企业及品牌发展的层面上，生态品牌以满足用户个性化需求为核心，依托智能技术及供给侧服务能力，打造极致的品牌体验、极致的交互共创与极致的价值循环。在社会经济整体发展的层面上，生态品牌构建开放、协同、共赢的生态系统，共享资源，推进跨界合作共创，实现高质量、可持续、包容性的增长。

生态品牌新范式从出现的第一天起就不是一块凝固的琥珀，而是无数创新的脉动。在过去的五年里，我们见证了生态品牌的理论与实践不断取得突破性发展：2020年出版的《物联网生态品牌发展报告》以"灯塔之书"的定位，深度阐释了生态品牌的定义及标准；随后，《生态品牌发展报告（2022）》和《生态品牌发展报告（2023）》系统剖析了生态品牌的发展趋势，科学建立了认证体系，深度解读了标杆案例，为所有渴望在品牌转型与建设方面取得突破的企业提供理论及实践指引，启迪和助力企业在不确定的环境中把握先机，实现高质量发展。

今年，《生态品牌发展报告（2024）》在过往研究的基础上再攀新高，致力于为读者呈现更全面、深刻且具前瞻性的洞见，实现了"三大升级"：

第一，理论更丰富。本书深入研究了生态品牌、生态企业、生态经济的理论链路，明确了生态企业的定义及特点，阐明了生态经济为实现高质量发展、包容普惠增长以及生态各方价值最大化的贡献和价值。

第二，模型更完善。生态品牌认证进一步扩展了生态品牌研究的范围，加深了模型分析的深度，并实现了认证智能化和取数信息化。

第三，案例更落地。本书精选了一批生态品牌带动新质生产力打造、促进高质量发展的生动案例，为行业内外提供可借鉴、可复制的成功经验，进一步激发社会广泛共识与积极行动。

乘风破浪，众行致远，我们期待与读者携手探寻生态品牌的智慧与启迪，最大化地利用生态的势能，共创更加高质量可持续的商业未来！

目 录

Contents

卷 首 语   I

前 言   V

第一部分 理论之跃   1

    第一章 生态企业：企业发展的新形态   5

    第二章 生态经济：再造百业的新模式   13

第二部分 洞见之光   23

    第三章 乘势而动，认证迭代   24

    第四章 趋势领航，总览乾坤   35

第三部分 硕果之证   45

    第五章 生态链交互的无穷进化   46

    第六章 生态方价值的无穷循环   78

    第七章 实现生态品牌理想   114

第四部分 未来之翼   143

    第八章 笃行致远，为发展新质生产力蓄势赋能   144

第五部分 附 录   165

ECOSYSTEM BRAND
EVALUATION
生态品牌认证

PART

第一部分

01

理论之跃

坐着时光机飞往30年后的未来，再回望当下，我们会意识到，2024年的我们，正处在一个历史性拐点。

过去十年，我们把无数的家电、汽车、机械、生产线、建筑、土地、城市公共设施编织进了一张张互联互通的物联巨网。海量的数据被制造出来，变成了商业的石油，在人工智能的驱动下，带给了我们前所未有的信息与洞察。

伴随第四次工业革命一起到来的，是一种新品牌范式从萌芽兴起到蔚然成风。

这种被称为"生态品牌"的范式，首先见迹于物联网的商业化实践中。物与物的互联互通使得用户不再满足于单个的产品/服务，而是需要基于场景的整体解决方案。但即便是一个简单的场景，涉及的品类也非常丰富，一家企业无法独立涵盖所有的产品/服务，必须通过打造生态，与多元的生态伙伴跨界共创，共同推出整体性的解决方案。

之后的工业互联网浪潮再次见证了这一范式的时代普适性。工业互联网通过将产业中的人、机、物、系统全面互联，满足企业对于"研产供销服"全链条数字化、网络化、智能化的需求，帮助企业优化流程、降本增效。然而，工业互联网包含边缘层、基础设施层（IaaS）、平台层（PaaS）、应用层（SaaS）在内的完整技术栈，[1]一家企业无法从边缘层一直做到应用层。同时，各行业又都具有"一米宽、百米深"的特点，[2] 不同行业、不同场景都需要深度定制化的解决方案，一家企业很难仅凭一己之力为不同行业的客户提供具有特定行业知识的解决方案。因此，打造生态，联合不同类型的生态伙伴为千行百业的客户开发系统性的解决方案，再次成为了一种必然之选。

数字化、智能化为生态品牌的发展带来了更多的可能性，同时也提出了更高的要求。技术的高速迭代，加速了万物互联的大连接时代的到来。物理世界和数字世界之间的鸿沟被弥合，虚拟（信息、数据、流程）与实体（人、机器、商品）形成了相互映射、紧密耦合的系统，因此企业和品牌也需要在虚实结合的更广阔空间下重构价值。同时，数据量级迅猛增长，数据类型的多样性、颗粒度和时效性也大幅提升，数据成为激活各行各业发展潜力的关键要素。对内，数据成为了品牌创造新价值的核心驱动力；对外，数据也是品牌的重要信用凭证。大数据发展要求品牌打破信息孤岛，全面释放数据的价值。

2022年末，以ChatGPT为代表的生成式人工智能大模型引爆全球，标志着人类科技史上的又一次重大变革时刻。基于多层Transformer模块组成的神经网络和海量的预训练数据，大模型仅需"零样本"或"少样本"的学习，即可完成特定领域的新任务。[3]这种卓越的任务适应能力意味着大模型作为一个"通才"，拥有了赋能千行百业的可能。然而，生成式人工智能真正的商业化落地，需要的并不仅是一个"大模型"，而是要构建包括基础设施层、大模型层和应用层在内的完整架构，[4]其中，基础设施层为大模型的训练提供高性能的网络基础设施和具有高算力、高弹性的计算资源。大模型层提供类似人类五感的多种底层通用人工智能能力，可以普适各种行业/场景。而应用层则在大模型层的基础上，融合各行业/场景的特定数据，训练出满足客户需求的定制化大模型。[5] 如此复杂的架构体系意味着大模型要走进千行百业绝不可能靠单个企业"孤军奋战"。想在这一轮变革中抢占先机的企业，无一例外，只有两个选择——要么创建一个生态，要么加入一个生态。

大连接创造了新空间，大数据带来了新要素，大模型迭代了新技术。依托"大连接、大数据、大模型"，构建智能交互引擎，是时代对品牌提出的要求。"智能交互引擎"以用户最佳体验为核心抓手，基于不同的需求场景，在用户侧，以个性化交互的方式，感知并激发用户有效需求；在供给侧，通过网络化协同精准配置资源，实现柔性生产，为用户提供个性化场景解决方案，并不断迭代体验。这个过程也吸引了更多的生态伙伴深度参与，共建无界生态，共创用户体验，共享价值循环。

围绕用户交互和供给侧定制的价值无限循环，带动产业生态的共创共赢，创造了更多的产品创意、更深的定制选项、更好的交互体验，为新质生产力发展蓄势赋能。

数智时代的钟声已经敲响，生态共创的图景已经展开，如何引领这场变革？如何穿越周期，真正实现高质量发展？"生态品牌—生态企业—生态经济"的时代新范式将给出答案。

第一章 | 生态企业：企业发展的新形态

任何一个商业生态的构建都绝非朝夕之功，生态的壮大亦需有企业成为驱动飞轮旋转的"第一原动力"。因此，在本年度的《生态品牌发展报告（2024）》中，我们特别关注核心企业对于整个生态的引领型作用。

生态企业是在商业生态中占据主导地位的新企业形态，它是用户体验的引领者、基础设施的构建者、核心技术的突破者、生态秩序的守护者和商业价值的分享者。 我们将生态企业所扮演的角色总结为以下5个方面：

1. 提出共同愿景，引领用户体验

尽管生态在成熟之后如同凯文•凯利笔下的蜂群一般，可以自组织、自涌现出许多创新和协作，[6] 但是生态在启动之初及关键转型期依靠的并不是群体的智慧，而是核心企业对于未来愿景及路线图的规划。

要吸引志同道合的伙伴加入生态，生态企业首先要清晰阐明整个生态的发展愿景，明确生态的价值定位，比如生态存在的意义是什么，将为用户提供哪些独特的产品、服务及解决方案，会为社会创造哪些新的价值。生态企业将引领最佳用户体验的创造，从场景出发提供一体化、定制化的整体解决方案，将用户需求转换为用户价值；进而推进用户侧、供给侧与各节点的全流程数字化打通，实现价值传递；最终激发新场景、新需求，并通过持续迭代回应新需求，创造新价值，实现生态价值的无限循环。

同时，生态企业还将制定一份发展路线图，说明生态在达成愿景、引领用户体验过程中的关键目标和计划，为生态伙伴提供必要的路标和框架。当然，商业生态会随着时代发展而变化，因此路线图也要随着内外部情况的变化而不断演进更迭。

生态企业的愿景和路线图，如同灯塔的光芒，照亮了生态发展的前路，引领了最佳用户体验，也增强了生态伙伴对生态的信任和参与。

卡奥斯COSMOPlat是海尔依托自身40年制造经验和多年数字化转型经验，推出的全球首家引入用户全流程参与体验的工业互联网生态品牌——以大规模个性化定制为核心，构建了跨行业、跨领域、

跨区域立体化赋能新范式，致力于为千行百业提供数字化转型解决方案，实现用户体验迭代、生态各方增值共享的价值循环。[7]

卡奥斯首先在行业端提出了"大企业共建，中小企业共享"的生态赋能模式，与各行业、各领域的龙头企业共建平台，由卡奥斯贡献平台底层能力，龙头企业贡献行业知识和经验，将原来只能存在脑中的知识与经验凝结成数字化流程与模块，与中小企业共享，带动行业做大、做强、做优。

随着卡奥斯从赋能百业进一步扩大生态体系的构筑范围，卡奥斯在区域端开创了工业互联网赋能"1+N+X"模式，即构建1个城市级工业互联网企业综合服务平台，打造N个垂直行业工业互联网平台和X个工业互联网示范园区，把行业平台和区域整合在一起，构建起区域经济迈向高质量发展的最优路径。[8]

2. 构建基础设施，赋能生态伙伴

正如城市的发展离不开能源、交通、供水这些基础设施，商业生态的繁荣也需要生态企业预先搭建基础设施，吸引生态伙伴加入。

这里说的基础设施，除了组织、运营、营销、资本、物流等通用的商业能力，更包括了数据、算力、算法这些在新科技革命背景下战略意义日益凸显的"数字新基建"。在人工智能时代，解决许多复杂问题都需要极大的算力，只有少数大型组织能够承担高昂的算力成本。同时，算法的迭代优化也需要一支高精尖的人才团队和对海量数据的持续标注，这些都需要长期大规模的投入，资源相对缺乏的小企业无力承担。因此**生态企业的一大重要职责即是积累海**

量优质的多维数据、储备大规模的算力以及建立通用的技术平台，以此构建"数字新基建"，赋能生态伙伴。

比如，为了快速打造人工智能生态，Meta对人工智能开发的关键基础设施——"深度学习框架PyTorch"和"大语言模型LLaMA"进行开源。PyTorch提供了一个模块化和可定制的平台以及上百个标准数据集，使研究人员和开发者能够从0到1根据自己的需要训练和构建人工智能模型。[9]LLaMA则为那些不想从零开始开发模型的个人或机构提供了一个人工智能的基础模型，让他们可以快速调整优化出一款适合的模型。预计到2024年底，Meta为LLaMA准备的算力将达到60万个H100GPU集群。[10] Meta对人工智能开发关键基础设施的开源，吸引了众多开发者加入LLaMA生态，LLaMA也被认为有望成为大语言模型中的"安卓"。

3. 攻坚核心技术，制定行业标准

作为生态的领航员，**生态企业需要在支撑整个生态的底层技术、共性技术上有突破性的创新，并努力将其技术解决方案培育为市场主流，影响甚至主导行业标准的制定。**

而要想成为行业标准，生态企业就不能"既当裁判员又当运动员"，而是必须约束自己的业务范围，避免与生态伙伴争利，确保生态伙伴的业务空间和商业利益。

最终，在技术上的竞争力和在标准上的话语权将为生态提供坚实的基石。同时，这样的生态也如同一个商业磁场，能够持续吸引到资源丰富、能力卓越的生态伙伴前来共襄盛举。

比如，ARM从英国剑桥的一家小型芯片设计公司，逐渐扩大生态，成为智能手机乃至端侧AI计算的处理器基石，依靠的就是其在设计低功耗、高能效芯片IP上的核心技术。从移动时代的ARM7、ARM8、ARM9，到AI时代的Ethos NPU系列，ARM不断在核心技术上取得创新突破。同时，在商业模式上，ARM既不生产，也不出售芯片，只将芯片的设计IP授权给其他半导体厂商，收取技术授权费和一定比例的版税。[11] 这使得ARM得以超然物外，以科技行业"永久中立国"的身份成为半导体乃至整个消费电子行业的标准。

4. 树立治理机制，推动和谐发展

一个成功的生态系统就像一场盛大的交响乐演出，每一个参与者都需要在各自的位置上发挥出最佳水平，同时与其他成员协同合作让整场演出效果最佳。**生态企业需要用"看得见的手"进行协调管理，为生态各方的协同共创构建有效的治理机制。**

互补伙伴引入：

生态的繁荣壮大离不开多元异质生态伙伴的联合共创。生态企业需要明确生态在目前发展阶段需要具备的关键能力，并据此定义不同类型生态伙伴的角色类型。依据角色类型所需，吸引、寻找与之对应的生态伙伴。比如，华为云在生态伙伴体系HCPN（Huawei Cloud Partner Network）里，设定了六种伙伴角色，分别是：数字化转型咨询与系统集成、软件、服务、硬件设备、学习与赋能、总经销商。生态伙伴可以根据自身的业务方向、能力水平，

选择一种或者多种角色进入。[12]

能力培训认证：

生态伙伴加入生态后，并不能立刻开始创造价值，而是需要预先学习了解生态内的各类规章制度、基础设施、共享资源。在这一过程中，生态企业需要通过培训认证，确保生态伙伴具备了在生态中合作共创的关键技能。比如，华为云"服务伙伴（Service Partner）"在加入生态后，需要首先进入学习和实践阶段。在这个阶段，华为云为伙伴提供在线课程、工具包、技术文档、能力套件、最佳实践参考等资源，帮助伙伴快速构建基于华为云的云上服务能力。达到要求的合伙伙伴可以获得华为云服务伙伴的角色认证。[13]

动态考核评估：

为了激励生态伙伴在生态中持续创造价值，保证生态中始终是最优质的生态伙伴，生态企业需要对生态伙伴进行动态评级，并为更高级别的生态伙伴提供更多的权益和支持。生态伙伴的专业度、对生态的资源投入度及为生态创造的收益等都可以作为评分的依据。比如，华为云的生态伙伴如果在专业能力、专职团队构建、项目实践和业务规划方面都达到了进阶要求，将获得华为云云转型服务提供商（Cloud Transformation Service Provider，简称CTSP）的称号，华为云会为这批最优质的生态伙伴提供包括专属技术专家支持、更多的云实验权益、专项培训机会、商机共享、现金激励等在内的多项高级权益，助力生态伙伴持续成长，为客户创造更多价值。[14]

同时，为了维护生态的公平性，对于未能达标或者严重违背生态行为准则的生态伙伴，生态企业要给予其降级、取消认证、退出生态等处理。比如，华为云的服务生态伙伴在通过认证后，必须在12个月内提供有关华为云专业服务项目的实践举证。华为云会对生态伙伴进行定期复核，如果复核不通过，则会取消生态伙伴的认证结果。[15] 再比如，某家生态企业不得不将一个重要的开发生态伙伴排除在生态系统之外，因为它在没有得到许可的情况下有意识地使用了其他生态伙伴的软件代码。[16]

知识产权共享：

商业生态的一大重要作用是促进生态内生态伙伴之间的知识流动和融通创新。因此，在尊重、保护生态各方知识产权的基础上，生态企业可以通过设置一些机制来促进生态伙伴之间的知识分享。比如，通过共享专利池，鼓励生态伙伴之间交叉授权和许可，对专利技术进行相互补充。再比如，通过打造开源平台，鼓励开源协议，降低生态伙伴的研发成本，加快创新落地。[17] 良好的知识产权共享机制将推动生态内创新要素的优化配置，提升生态整体的创新效能。

5. 确保利益共享，实现各方共赢

对于生态而言，持久的繁盛依赖"价值共创"和"价值分享"的无限循环。在共创价值外，生态企业还要特别抵御"企业利润最大化"这一致命诱惑，真正做到与生态伙伴利益共享。**就像森林中的大树，不贪婪地汲取所有养分，而是让阳光和雨水同时惠及周围的植物，让整个生态系统蓬勃生长。**

首先，生态企业必须谨守自己的生态位，坚持"有所为，有所不为"，不能因为眼红生态伙伴手中的"肥肉"，就变成吞并对方业务的"黑寡妇"a。这种短视的功利主义行为会使生态遭遇严重的信任危机，最终走向分崩离析。因此，克制自己的欲望，严守业务边界，是所有生态企业都必须遵守的第一戒律。比如，钉钉在与生态伙伴共建生态的过程中，始终坚持PaaS化的定位，只做协同办公和应用开发的平台，而将行业应用、人财物产供销研等场景的专业应用全部交给生态伙伴。为了让生态伙伴放心，钉钉甚至直接关停并转了很多自己的垂直化应用场景，以此来向生态伙伴表达其坚守业务边界的决心。[18]

其次，对于一个健康的生态而言，所有的生态伙伴都应获得与其投入相匹配的回报。生态企业绝不应为了降低成本，就压缩生态伙伴的利润，因为这将导致生态伙伴逐渐降低质量甚至退出合作，最终影响整个生态系统的稳定性和可持续发展。正是因为考虑到这一点，华为在构建生态时，始终坚持"低作堰"的法则——即自己留存的利润低一些，多让利一些给生态伙伴，确保生态伙伴在生态中得到了足够的利润。[19] 钉钉则考虑到在服务客户的过程中，生态伙伴的付出更大，因此将钉钉与生态伙伴的利益共享比例设置为1:9，即"钉钉赚1元，生态伙伴赚9元"。[20] 生态企业在价值分享中主动后退一步，让生态伙伴挣到钱，换来的是生态伙伴对生态的持续投入，最终生态整体的竞争力和凝聚力也将持续提升。

---

a 黑寡妇是拉丁美洲的一种蜘蛛，这种蜘蛛在交配后，雌性会咬死并吃掉配偶，作为自己孵化幼蜘蛛的营养。

第二章 | 生态经济：再造百业的新模式

在技术颠覆式发展、产业融合和跨界创新不断涌现的今天，生态企业作为"头雁"带领的"雁群"无疑要比单兵作战的企业具有更强的环境适应力和应变力。当这样的生态群落在我们的经济中逐渐增多后，将为我们带来一种新经济模式——生态经济。

什么是生态经济？

生态经济是在**产业数字化、智能化**的进程中，以**用户最佳体验**为**中心**，以**新一代科学技术**为**重要推动力**，以**智能交互引擎**为**共享赋能的主要载体**，推动生态内多元生态伙伴**资源共享、价值共赢、再造百业**，从而实现**高质量发展、包容普惠增长以及生态各方价值最大化**的新经济模式。

生态经济的特点

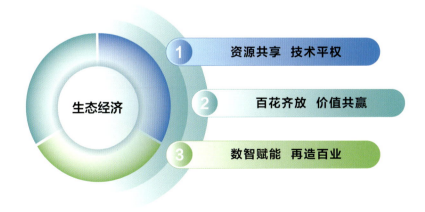

1. 资源共享，技术平权

生态经济的一大特征是通过生态企业搭建的智能平台筑巢引风，汇集各方资源，实现对数智时代各种要素资源的高效共享。这些共享资源按照类别可以分为制造资源、创新资源、服务资源和数智资源。比如，共享制造平台将各类企业分散、闲置的生产设备、研发设备集聚起来，通过众包、外包的方式弹性匹配给有需要的企业，实现制造资源跨企业的优化配置。[21] 而共享数据平台则在生态伙伴之间共享采购、生产、销售、仓储配送等各环节的数据，促进供应链上下游及产业间的协同和合作。

- **研发资源共享：**产品研发设计、科研仪器设备、实验能力、检测设备等
- **制造资源共享：**生产设备、专用工具、生产线物料等
- **服务资源共享：**物流仓储、供应链管理、销售运营、金融服务等
- **数智资源共享：**数据、算力、算法（模型、SaaS）等

其中，对于数智时代的战略级资源——算力和算法的共享使得生态经济具备了技术平权的特点。比如，在人工智能大模型生态圈里，共享的通用大模型让生态伙伴无需从头开始训练模型，而只需结合自身所在行业/场景的特定数据进行微调，开发专业化的行业/场景大模型，这就极大地降低了中小企业使用人工智能技术需要付出的成本。[22] 同时，大模型的云服务模式允许生态伙伴根据自身需求租用计算资源，按使用量付费，这使得中小企业在不增加固定资产投资的情况下，依然能够享受到与大企业同等水平的人工智能技术服务。

在生态经济中，资源和技术不再是巨头们的专属，所有的参与方都可以共享时代发展所带来的红利，充分挖掘自身的创新潜能，获得属于自己的独特发展优势。

2. 百花齐放，价值共赢

生态经济形成的不是几个一家独大、与生态伙伴零和博弈的抽佣平台，而是多个百花齐放、与生态各方共享价值的价值共同体。

在消费互联网时代，平台经济占据主导地位。由于互联网平台在实现供需双边智能匹配时具有网络效应，市场竞争的终局往往是赢家通吃的寡头格局。而平台在形成垄断后，又对平台上的商户收取高昂的门槛费，甚至要求商家"二选一"，不可以同时在其他平台上经营。平台创造的巨额利润也更多被平台企业拿走，而没能在创造平台整体价值的生态伙伴之间分享。

相比之下，生态经济诞生于产业数字化、智能化转型的浪潮中。由于各行业的需求复杂多样，每个企业客户都需要高度个性化、定制化的交付，因此网络效应不明显。市场并不会被一两家巨头打造的生态所垄断，而会呈现出百花齐放、多元生态并存的局面。以工业互联网为例，一些专家学者预测，行业的终局可能由2~3家综合型工业互联网生态，以及若干深耕垂直行业/具体职能领域的专业型、特色型工业互联网生态共同构成。[23] 垄断格局难以形成，也使得生态经济中的核心企业不会利用自己的主导地位去挤占生态伙伴的利润空间，而是与生态伙伴公平分享它们在生态中创造的新价值，以此吸引生态伙伴与生态共赢共生、共同进化。

3. 数智赋能，再造百业

消费互联网时代的平台经济仅停留在对需求侧、消费端的改造，而生态经济则由用户侧上溯至供给侧，通过数智赋能，再造百业。

生态经济利用以人工智能、物联网、大数据为代表的新一代科学技术，通过智能交互引擎，连接供需两侧，有效解决供需信息不对称、供需匹配不精准、供需循环不顺畅的问题。智能交互引擎以用户为中心，将产业全流程、各要素全部数字化智能化。在用户侧，以个性化交互的方式，感知并激发用户有效需求，实现用户体验迭代的无穷交互；在供给侧，通过网络化协同精准配置资源，实现柔性生产，从而实现更准确的市场预测、更个性化的产品和服务、更高效的生产流程和更精准的资源配置，营造"共创共赢"的创新生态，实现生态价值的无限循环。

比如，工业互联网生态通过引入用户数据，并在产品研发设计的全过程中与用户保持交互，让企业得以精准把握用户需求，实现大规模个性化定制。同时，工业互联生态通过对企业全流程的数智化改造，打造数据驱动、敏捷高效的精益管理体系，提升生产制造环节的跨工序协同能力，助力企业降本增效，全面提升全要素生产率。此外，工业互联网生态通过跨企业、跨地区生产经营要素的互联互通，让企业能够及时响应市场需求变化，快速在产业链中配置资源。[24]

在生态经济中，传统流水线生产的大批量、同质化、低附加值产品将逐渐被小批量、个性化、高附加值的产品所取代，千行百业也因此培育出新质生产力，走向高端化、智能化和绿色化，实现高质量发展。

生态经济对社会的价值和意义

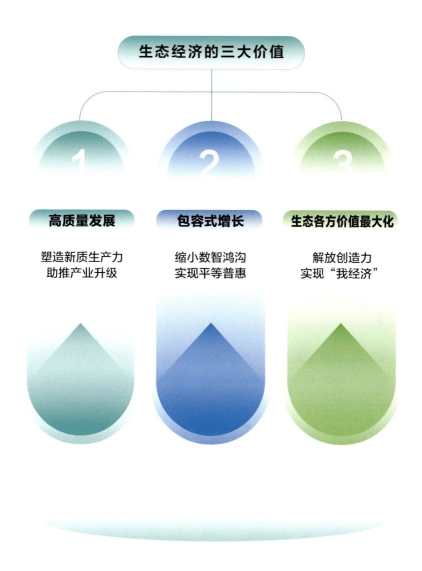

生态经济的三大价值

1
高质量发展
塑造新质生产力
助推产业升级

2
包容式增长
缩小数智鸿沟
实现平等普惠

3
生态各方价值最大化
解放创造力
实现"我经济"

1. 高质量发展：塑造新质生产力，助推产业升级

近年来，逆全球化和保护主义抬头，国际经贸格局加速重构。中国制造业面临发达国家"高端制造回流"和发展中国家"中低端制造业分流"的双向挤压。[25] 如何通过创新驱动，发展新质生产力，推动产业升级，成为了中国能否避开"中等收入陷阱"，实现高质量发展的关键。

发展生态经济，正是对这一时代命题的有力回答。在生态经济中，企业不再单纯依靠内部的创新资源和能力"单打独斗"，而是突破传统技术创新的"信息孤岛"和"数据壁垒"，与生态伙伴源共享，联合共创，开展跨越组织边界的知识交换。这种跨界共创因为汲取了不同生态伙伴注入的多元化知识养分，而更可能做到突破式创新。

同时，不同行业在生态中的集聚使得创新成果的溢出由"链式"转向"网式"。一个行业中技术的突破创新并不会仅在该行业的产业链上下游线性、序列式传递，而是会以网络状的方式快速扩散复制到千行百业，使得各行业的产品研发周期都得以缩短，研发风险得以下降。

生态经济的开放式协作网络加快了技术突破、转移、重组、融合的速度，推动了产业体系向知识密集型和高技术水平方向发展，为实现高质量发展提供了有力支撑。

2. 包容式增长：缩小数智鸿沟，实现平等普惠

生态经济再造百业、对千行百业的"赋能效应"有助于解决行业间、企业间发展的不均衡，做大共同富裕的"蛋糕"，为世界带来更多平等普惠的机会。

生态经济通过将数据和新一代科学技术深度嵌入实体经济生产、流通的全过程，全面赋能传统行业，对传统行业的发展产生了倍增、叠加的作用，加速了传统行业财富的创造与积累。在生态经济中，时代的红利不再只局限于与数字技术高度相关的少数几个行业，大量的传统行业也能平等地享受时代发展带来的红利。

同时，生态经济通过共享资源和智能平台，让中小企业也能低成本地享受到数智时代的各种基础设施（比如数据、算力、算法），降低了它们研发制造的门槛，减少它们的投资和运营成本。在生态经济中，中小企业也能更便捷地进入大企业的供应链，与大企业在"战略、研发、生产、流通、管理"上相互协同，共享创新带来的收益及供应链协同带来的成本降低。比如大企业帮助配套中小企业改进工艺流程、提升质量管理及产品的可靠性，而中小企业则针对大企业的配套需求开展技术攻关和样机研发。

占中国企业总数99%的中小企业是中国经济韧性的重要支撑。生态经济让中小企业在资源、技术、市场等方面缩小了与大企业的差距，一批符合"专精特新"特点的中小企业得以快速成长，大中小企业实现了融通发展。

3. 生态各方价值最大化：解放创造力，实现"我经济"

生态经济对社会的终极意义呼应了康德的那句名言——"人是目的，不是工具"。生态经济中的人无论在扮演哪一重身份——"生产者""合作者"抑或是"消费者"，其价值都得到了最大化的尊重与释放。

首先，对于作为"生产者"的人，生态经济在再造百业中开发的数字化、智能化工具，极大地拓展了人的能力边界。借助这些工具，人们无需再完成许多重复性高、耗时长的工作，而是能够将更多的精力投入到创造性、战略性的工作中。这种转变不仅提高了工作效率，更激发了人们的创新思维和解决问题的能力，使个人价值在更高层次上得到了体现。同时，能力边界的扩大进一步激发了人们的"企业家精神"。他们从"员工思维"转变为"企业合伙人思维"，成为主动的创业者，以更强的积极性与责任心，自主自发地为用户创造价值，同时也为企业和自身创造价值。

其次，对于作为"合作者"的人，生态经济让所有的生态参与方都可以共享时代发展所带来的红利，充分挖掘自身的潜能，获得属于自己的独特发展优势。生态参与方可以在研发、制造、服务等全流程中进行跨界共创，迭代最佳用户体验；在完成价值共创后，生态参与方也可以实现价值共享，共赢共生。

最后，对于作为"消费者"的人，生态经济中的各行业依托大数据、人工智能等数字技术与消费者持续交互，精准把握不同消费者的需求和偏好，同时凭借柔性生产能力，为每个消费者定制个性化的产品或服务。在当下物质高度丰裕的数智时代，用户渴望的正是这样一种可以持续不断满足个性化需求的"我经济"，生态经济无疑提升了人们的生活品质和幸福感。

生态经济降低了劳动者的工具属性，将人的创造力发挥到了极致，同时通过个性化的产品/服务让用户获得了超越预期的体验。在生态经济中，人作为"生产者""合作者"的"创造价值"和作为"消费者"的"体验价值"被和谐统一在一起，真正实现了生态各方价值最大化。

大厦之成，非一木之材；大海之阔，非一流之归。在生态经济中，生态企业联合多元生态伙伴打造的生态圈，乘众智、用众力，再造百业，助推各行业实现数字化、智能化的变革。再造后的百业变成了一片片可以滋养万物生长的沃土，培育出了一批又一批为用户提供持续迭代的定制化解决方案的生态品牌。随着诸多生态品牌落地生根、竞相生长，生态经济也将繁荣兴盛、生生不息。

ECOSYSTEM BRAND
EVALUATION

生态品牌认证

PART

第二部分

02

洞见之光

第三章 | 乘势而动，认证迭代

2020年，凯度集团和牛津大学赛德商学院深入研究海尔集团的生态品牌实践，由新华出版社正式出版为《物联网生态品牌发展报告》，明确了物联网时代引领型的品牌范式——生态品牌，并确立了生态品牌的定义与标准。

2021年，凯度集团联手牛津大学赛德商学院、《哈佛商业评论》中文版共同推出了"生态品牌认证体系"，旨在对品牌在生态品牌转型与建设上的进程与成果展开评估。

2022年及2023年，新华社品牌工作办公室、新华出版社、凯度集团、《财经》杂志以及牛津大学赛德商学院联合发起了第一、第二届生态品牌认证，累计吸引200多个品牌申报，分别有12家及18家品牌成功获得认证。**2023年的上榜品牌累计年度营业收入超过1.9万亿元，链接超过60个行业和21万家生态伙伴。它们所建立的共生共赢的生态系统，不仅增强了企业自身的韧性，也为全球商界带来了增长和进步的实践标杆。**

2023年生态品牌认证榜单
Ecosystem Brand List 2023

领航者 Leader	突破者 Breaker	践行者 Doer
海尔	中粮	康师傅
百度	3M	华润万家
卡奥斯	盈康一生	骊住
京东方	中信银行	中国民生银行
钉钉	中控技术	
	德力西电气	
	海纳云	
	太平洋保险	
	万华化学	

认证机构
Evaluation Authorities   **KANTAR**

认证有效期：2023 年 8 月至 2024 年 8 月
Period of Evaluation: August 2023 to August 2024

2023年8月29日，在由新华社品牌工作办公室、新华出版社、中华人民共和国年鉴社、中国社会科学院财经战略研究院、凯度集团、《财经》杂志、牛津大学赛德商学院联合举办的2023（第二届）生态品牌大会上，十余位专家学者和企业代表进行了深度分享，揭晓了第二批成功获得生态品牌认证的品牌。会上还隆重发布了品牌进化的"指南之书"《生态品牌发展报告（2023）》。

新华出版社党委书记、社长匡乐成（右一）、凯度咨询中国区战略咨询首席合伙人叶菡（左一）与联办传媒集团副总裁、《财经》杂志社副社长刘霄（右二）为上榜品牌颁奖

2024年，第三届生态品牌认证如期开展，旨在集合生态品牌领域有所建树的企业和全球顶尖商学院的专家学者，共议生态品牌的发展成果与未来图景。

1. 生态品牌认证模型

生态品牌认证评估模型围绕**共同进化、价值循环和品牌理想**三大视角对品牌展开评价，共涉及五个核心维度。

共同进化

生态内的各参与方共生共进，是生态品牌蓬勃发展的必要条件。共同进化表现在品牌与用户持续交互以及与生态伙伴协同共创；同时，在品牌构筑的生态中，各参与方之间也能够更顺畅地进行交互与共创，共同推进生态的进化。

我们通过**"用户体验交互"**与**"开放协同共创"**两个维度对品牌在**"共同进化"**上的表现进行评估。

用户体验交互：评估品牌在与用户持续交互的过程中提供的整体价值体验。

开放协同共创：评估品牌的开放性、共享精神以及与生态伙伴的联合共创程度。

价值循环

生态内价值的持续、循环增长，是生态品牌永续发展的充分条件。品牌持续为用户及生态伙伴创造价值、传递价值、分享价值，形成无限循环。

在**"价值循环"**视角，我们衡量了品牌在**"终身用户价值"**与**"共赢增值效用"**两个维度的实践表现。

终身用户价值：评估品牌通过体验迭代而创造的终身用户价值。

共赢增值效用：评估品牌为生态伙伴带来的增值效用。

品牌理想

为促进可持续发展及提升社会的整体价值做出贡献，是生态品牌的必然使命。品牌理想的核心是"人的价值最大化"与"生态各方价值最大化"，品牌在实现用户、员工、生态伙伴价值最大化的同时，也为社会的整体价值贡献力量。因此，品牌理想通过其**"社会价值贡献"**进行衡量。

社会价值贡献： 评估品牌为提升社会的整体价值做出的贡献。

具体评估细则如下：

表 1 生态品牌认证评估细则

评估维度	评估细则	定义
用户体验交互	产品和服务种类丰富	·业务涉及的行业多样化，为用户提供丰富的产品和服务
	持续交互、迭代创新	·通过与用户的持续交互，不断推动产品、服务、解决方案的迭代创新
	提供一体化、无缝体验	·从场景出发，提供一体化、无缝的整体解决方案
	提供个性化、定制化体验	·基于用户需求，提供定制化、客制化的产品、服务、解决方案
开放协同共创	开放多元	·生态接入的行业具有多样性 ·生态成员的角色类型具有多样性 ·生态始终保持开放性，确保能不断引入新的生态伙伴
	动态优化	·生态具有动态化的机制，能对生态伙伴进行择优汰劣
	共享资源	·具有共享精神（例如，共享底层技术、数据资源或通用的商业能力）
	促进合作共创	·能够促进生态伙伴实现高效顺畅的合作（例如，设立统一的技术标准、商业行为准则） ·能够让生态伙伴充分发挥各自优势，联合共创，共同推出解决方案
终身用户价值	用户优质体验	·用户能够持续在生态中获得超越期待的体验
	用户共创意愿	·用户愿意与品牌持续交互，参与产品、服务、解决方案的共创，从消费者转变为产消者
	用户推荐意愿	·用户愿意向他人分享优质的品牌体验经历
	用户关联购买	·用户拥有多个生态产品，或在购买生态中的产品后又购买了其他相关的生态服务
共赢增值效用	让生态伙伴获得基于生态模式所产生的新价值和收益	·生态品牌和生态伙伴均实现生态收入的增长
	生态伙伴之间的关系紧密	·通过深化生态内的合作，加强生态品牌和生态伙伴之间关系的紧密程度
社会价值贡献	促进可持续发展	·致力于环境和资源的可持续发展
	赋能美好生活	·致力于持续不断地改善人们的生活
	赋能产业升级，推动社会经济进步	·广泛赋能各类企业和创业个体，推动社会经济不断向更高层次发展

2. 生态品牌认证方法

　　技术发展与范式革新席卷各行各业，生态品牌认证的方法论也积极回应变化，进一步达成**认证智能化**及**取数信息化**。2024年生态品牌认证采取"品牌申报+认证方遴选"相结合的方式，除了研究主动申报认证的品牌及其同行业品牌，还基于凯度BrandZ最具价值全球品牌数据库，遴选生态品牌建设表现突出的品牌数据及案例，最终综合分析得到2024年生态品牌榜单。认证方法的迭代扩展了生态品牌研究的范围，加深了生态品牌分析的深度，使认证本身也向数字化、智能化方向发展。

　　凯度BrandZ是凯度集团旗下独有的品牌价值评估IP，其系列榜单是经全球市场认证的权威而公正的品牌排行。BrandZ将严谨的财务分析与广泛的品牌资产研究相结合，量化了品牌为企业的财务表现所做出的贡献，综合衡量了品牌的财务表现与品牌在消费者心目中的品牌力。自1998年以来，凯度BrandZ已经在全球54个市场上调查了430多万名消费者，涉及超2万个品牌，并且与全球商业领袖分享了相关洞察。

　　具体而言，认证方通过**品牌受众定量研究、品牌案例专家评审和品牌关键数据审阅**三大评估方式，对参评品牌开展全方位评估。

品牌受众定量研究

　　受众定量调研的目的在于收集用户方与生态伙伴在与品牌交互的过程中，对品牌所提供的产品、服务、解决方案或生态内合作情况的真实感知与体验，以及对品牌社会价值传递的认可度。基于广泛的受众认知，调研更全面且客观地反映品牌在三大视角、五大维度上的表现。

本年度定量研究共涉及41个行业、180个品牌，数据覆盖被调研企业的C端消费者、B端用户及生态伙伴，共采集有效数据点超58万个。

品牌案例专家评审

在认证申报阶段，参评品牌依据认证方提供的申报指南提交了案例及相关数据信息。申报通道关闭后，认证方组建了专家委员会，确立明晰的评审原则，获取专家对品牌案例的评审意见。委员会专家来自不同行业和领域，可以从更加专业、客观的视角出发，结合各行业的生态化进程与特点，对品牌的生态化转型表现进行评估，并为品牌提供未来发展指导。

品牌关键数据审阅

认证方结合其自有数据库、参评品牌提交的商业数据、品牌公开财报、权威第三方（如标普道琼斯等）数据及社交媒体数据，综合分析参评品牌的表现。

信息爆炸的大数据时代为市场数据获取提供了便利。一方面，**移动互联网的广泛应用使得海量行为数据被记录，数据抓取信息化成为必然趋势**。另一方面，区别于传统调研获取的横截面数据，**大数据可以持续对同一目标进行长期追踪，实现时间维度的跨越，满足更为复杂的研究需求，弥补调研数据的空缺**。因此，**本年度继续**

将社群聆听（Social Listening）数据纳入分析，以更为全面地衡量品牌在践行生态品牌范式中的成效。

品牌商业数据包含品牌的财务数据、生态伙伴数量、ESG评级等，多维度评估品牌的财务表现和社会价值。

社群聆听（Social Listening）数据主要涵盖品牌在五大核心维度下的品牌声量[b]及品牌互动量[c]。其中，品牌声量数据来源于新闻、论坛、微博、微信、电商、电商社区、小红书、短视频、问答九大媒体渠道，品牌互动量数据则从微博、微信、小红书、短视频和问答五个核心媒体渠道抓取。在评审年度内（2023/6/19–2024/6/19），参评品牌总声量共计5300万人次，总互动量共计22亿人次。

在每一项评估方式下，各参评品牌均会在五个核心维度（用户体验交互、开放协同共创、终身用户价值、共赢增值效用、社会价值贡献）得到相应的评分。认证方对三大评估方式的评分综合计算，得到各参评品牌在五个核心维度的综合评分。

---

[b]品牌声量：指特定时间内，在某个/某些媒体渠道/平台上，品牌被提及的数量，是衡量品牌舆论影响力的重要指标。

[c]品牌互动量：指特定时间内，在某个/某些媒体渠道/平台上，与品牌进行互动的行为总量，包括评论数量、点赞数量、转发数量等。

表 2　生态品牌认证评分图示

	品牌受众定量调研			品牌案例专家评审			品牌关键数据审阅			综合评分		
	品牌1	品牌2	……	品牌1	品牌2	……	品牌1	品牌2	……	品牌1	品牌2	……
用户体验交互	XX	XX	……	XX	XX	……	XX	XX	……	XX	XX	……
开放协同共创	XX	XX	……	XX	XX	……	XX	XX	……	XX	XX	……
终身用户价值	XX	XX	……	XX	XX	……	XX	XX	……	XX	XX	……
共赢增值效用	XX	XX	……	XX	XX	……	XX	XX	……	XX	XX	……
社会价值贡献	XX	XX	……	XX	XX	……	XX	XX	……	XX	XX	……

　　根据综合评分，可以将参评品牌定位到以"共同进化"为纵轴、以"价值循环"为横轴的象限图中。位于第一象限的品牌为获得生态品牌认证的品牌。

生态品牌认证结果示意

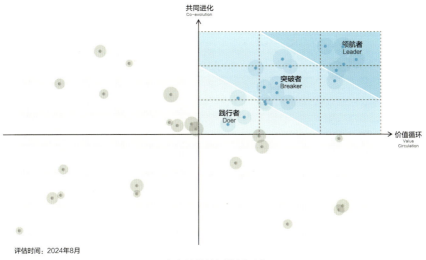

评估时间：2024年8月

图1　生态品牌认证结果示意

认证成功的品牌分属于**"领航者（Leader）""突破者（Breaker）"**和**"践行者（Doer）"**。

生态品牌认证等级定义
Definition of Brand Stages

领航者——生态品牌建设取得成果，具有引领作用 Leader - has outstanding achievements and remarkable impact in Ecosystem Brand building	突破者——生态品牌转型取得突破，进展相对较快 Breaker - has transformed to Ecosystem Brand rapidly with key breakthrough	践行者——有意愿转型为生态品牌，已经有所行动 Doer - intends to transform to Ecosystem Brand and has taken actions

图2 生态品牌认证等级定义

第四章 | 趋势领航，总览乾坤

面向新时代新征程，"生态品牌"正日益显现出强大的生命力和号召力，成为品牌建设领域的现象级话题，被越来越多的企业付诸实践。2024年，在认证方研究的数百个品牌中，共有28家品牌成功获得生态品牌认证，它们是：

领航者

Apple、百度（Baidu）、京东方（BOE）、卡奥斯（COSMO-Plat）、钉钉（DingTalk）、海尔（Haier）、华为（Huawei）、特斯拉（Tesla）

突破者

安踏（ANTA）、中信银行（CHINA CITIC BANK）、中粮（COFCO）、太平洋保险（CPIC）、德力西电气（DELIXI ELECTRIC）、海纳云（Hainayun）、盈康一生（Incaier）、飞书（Lark）、康师傅（Master Kong）、米其林（Michelin）、蔚来（NIO）、立邦中国（Nippon Paint China）、中控技术（SUPCON）、万华化学（Wanhua Chemical）

践行者

Authentic Brands Group、中国民生银行（China Minsheng Bank）、OATLY、上海家化（Shanghai Jahwa）、曙光数创（Sugon DataEnergy）、娃哈哈（Wahaha）

*按照品牌英文首字母顺序排列

2024年生态品牌认证榜单
Ecosystem Brand List 2024

*按照品牌英文首字母顺序排列

认证有效期：2024年9月至2025年8月

Period of Validity: September 2024 to August 2025

成功入选的品牌（以下称为"生态品牌"）相较于未入选的品牌（以下称为"非生态品牌"），在五个关键维度上展现出了显著的优势：

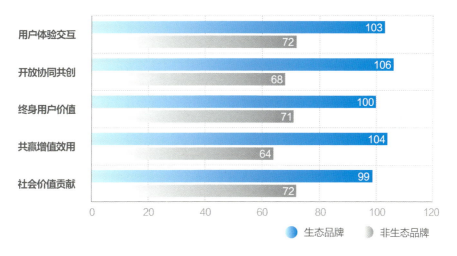

图3　生态品牌与非生态品牌在五个关键维度的得分对比（指数化得分）

在2024年的生态品牌认证中，生态品牌和非生态品牌在五个关键维度上均呈现显著差异。其中"开放协同共创"与"共赢增值效用"是区分生态品牌和非生态品牌最显著的维度，且这些差异在持续扩大。生态品牌的发展顺应体验经济的兴起与加速，通过协同共创，有效实现资源的高效配置和价值共创。此外，生态品牌持续践行的价值与收益共享机制，实现了生态各方的共赢，为生态的持续健康发展提供了保障。

随着生态品牌范式在更多行业和品牌中得到实践，生态品牌通过资源共享、价值共创、共赢共益，推动社会向一个更加开放、协同、高效的方向迈进。生态范式正逐步重塑各行各业，促进产业间的深度融合与协同发展。

我们总结了2024年生态品牌的四大洞察。这些洞察是对生态品牌商业智慧的一次深刻致敬，为品牌建设者们的探索和实践照亮了远航之光。

一、用户交互与企业定制所创造的价值无限循环，形成生态品牌发展的引擎

用户在体验产品与服务的过程中，主动提出的需求或被动产生的行为反馈，成为企业产品迭代和服务优化的重要依据。同时，依托于数智时代的动态、柔性和定制化的供给侧服务能力，**品牌能够积极并精准回应用户需求及痛点，持续创造超越期待的体验，创造终身用户价值，形成正向反馈**。这种正向反馈与循环，创造了品牌与用户、价值链上下游生态伙伴交互的场域，促进了整个产业生态的共创共赢，为社会经济的全面发展注入了新的活力。

海尔智家大脑作为海尔智慧家庭的核心技术引擎，专注于洞察用户的真实生活需求，与用户共创个性化的智慧生活体验。例如，许多用户向海尔提出在烹饪高峰时经常面临厨房油烟难以快速排出的难题。为了解决难题，海尔智家大脑创新推出了AI智慧恒风方案，可以实时监测用户住所的公共风道风压和室内烟雾浓度，同时感知吸油烟机所在地的海拔数据；结合用户的烹饪习惯和各项烹饪指标，在烹饪过程中智能动态调节风速，确保每位用户都能享受到

"专为此时此景、为我家厨房量身定制"的自动精准排烟方案。**海尔智家大脑以用户为中心的创新实践，不仅提升了用户生活的便捷性和舒适度，更引领智慧家庭进入一个更加智能、个性化、贴心的未来居住时代。**

钉钉服务于实体经济的千行百业，**基于企业客户的真实使用需求推出智能化、个性化的产品及解决方案**。对于小微企业，钉钉提供开箱即用的数字化解决方案。对于中大型企业，钉钉提供平台能力和丰富的生态应用，让IT人员可以持续扩展，让业务人员能用低代码开发自己的应用，让专业的生态伙伴参与具体场景的定制。

蔚来一直致力于成为**技术和体验领先的用户企业**，努力践行Blue Sky Coming**共创可持续和更美好的未来**，并为用户提供超越期待的全程愉悦体验。针对电车用户的核心痛点——补能（续航）焦虑，蔚来就致力于为用户打造无忧的补能服务体系，让油车能去的地方，电车都能去。蔚来能源基于车电分离模式，搭建了"可充可换可升级"的能源服务体系。通过持续布局充换电网络，实现让加电比加油更方便的愿景。

二、生态品牌拥抱技术的人性化落地，释放企业、行业乃至更大的人类潜力

随着科技的飞速发展，技术正以前所未有的速度改变着商业的运营模式和社会的生活方式。生成式人工智能、Transformer模型等技术，从专注于自动化和例行任务，转变为通过辅助和增强功能与

人类合作；沉浸式体验和自然语言交互重塑了人与人、人与技术的关系。科技的力量正在不断释放，我们看到**生态品牌在创新与发展中突破数字和现实的界限，推动技术真正服务于行业的繁荣以及人类社会的整体利益**。

　　智能体是AI时代的网站，将形成数百万量级的庞大生态。作为国内最早布局智能体的企业，百度的文心智能体平台，有5个"超能力"：技术底子厚、开发成本低、快速可成长、分发渠道广、商业可闭环。文心智能体平台致力于让每个人都能成为智能体的开发者，**致力于成为一个人人可开发、人人可经营、人人可获益的平台**。截至2024年4月，已有3万多个智能体被创建，5万多名开发者和上万家企业入驻，共同构建了一个繁荣的智能体生态圈。

　　Apple积极拥抱AI浪潮，与OpenAI等外部AI公司合作推出全新个人智能化系统——Apple Intelligence，该系统能够根据用户具体场景，提供写作辅助、邮件处理、照片编辑等多项功能，如新系统下邮件应用会新增Priority Messages功能，在收件箱顶部显示最紧急的邮件，Smart Reply功能可以快速生成答复文本建议，确保用户准确高效完成邮件操作任务。**Apple Intelligence简化和加快了用户的日常任务流程，改变了用户与设备之间的互动方式**。

　　中控技术以AI为核心驱动力，为客户提供"AI+安全""AI+质量""AI+低碳""AI+效益"的智能化解决方案，已被广泛应用在50多个国家和地区，**为全球流程工业从传统生产制造模式向高度自动化、智能化转变，实现高质量可持续发展注入强大动力**，助力人类创造更加轻松美好的生活环境。

三、可持续愿景深化生态品牌与用户、生态伙伴的连结，促进整个生态的繁荣

　　生态品牌始终坚持环境和资源的可持续发展，通过技术赋能、公益贡献等方式持续改善人们的生活，并作为行业领头羊赋能产业升级，促进社会和经济的共同进步。这些可持续实践在用户心智中形成了积极共鸣，深化了品牌信任与情感连结。同时，生态品牌也与生态伙伴共享资源、技术与经验，形成合力，共同应对可持续发展面临的挑战，实现自身价值。生态品牌的**可持续愿景，成为品牌与用户、生态伙伴建立情感连结，共建生态繁荣的切实路径**。

　　2024年世界地球日，安踏在上海开业国内鞋服行业第一家由权威机构认证的碳中和店铺——ANTAZERO安踏0碳使命店。店内售卖和展示的产品与包装，均采用环保材料和低碳材料。同时，店铺装修的材料、产品陈列器架、能源使用以及日常运营，都**遵循PAS2060规范开启零碳之旅，细致核查及碳足迹计算，并进一步推动全链路的减碳措施**。用户除在店内购买可持续产品外，还能参与产品再造工坊体验、阅读可持续相关书籍等。

　　中国民生银行**坚持发展成果与社会共享的理念，持续开展涵盖扶弱济困、教育支持、健康福祉、社区发展等方面的公益实践**，包括连续17年支持中华红丝带基金艾滋病防治项目；连续12年开展"光彩·民生"先天性心脏病患儿救治项目，免费救治先心病患儿1165人次；连续10年开展"ME创新资助计划"，累计捐赠资金超1亿元，支持216个公益项目，直接受益人群29万余人次，成为金融

反哺社会的重要参与者和推动者。

作为全球半导体显示龙头企业与物联网创新企业，京东方始终坚持Green+、Innovation+、Community+可持续发展理念，**不仅充分发挥自身优势，让专利成果广泛地惠及社会大众，更是携手全球生态伙伴构建"Powered by BOE"的产业价值创新生态**，从而推动自身与利益相关方共同实现可持续发展的重任。

四、生态品牌为推动全球合作、解决全球性挑战贡献重要力量

WTO《2023年世界贸易报告》认为，再全球化（Re-globalization）是比各自为政更有效的解决全球挑战的办法。[26] 生态品牌在全球舞台上扮演着重要角色，成为推动全球合作、解决全球性挑战的重要力量。生态品牌积极寻求与国际伙伴的合作，共同应对挑战，共建合作机制，共享发展成果；不仅**促进了自身品牌的壮大，更为全球社会经济的发展做出了积极贡献，注入了更强动力**。

作为立足中国的国际大粮商，中粮坚持强化全球农粮资源配置，优化全产业链，**与国际社会共同打造稳定、安全、顺畅、高效的农粮产品供应体系，携手应对粮食生产与供给不平衡、气候变化等全球性难题**。中粮着眼于打通全球最具增长潜质的粮食主产区和消费增长最快的主销区的供需通道，有重点地布局南美、北美及黑海等"一带一路"沿线国家和地区的重要产粮区、关键物流节点的仓储、物流和加工设施，促进大宗农产品在全球的生产、加工、流动与销售。

盈康一生构建了科创与数智驱动的大健康产业生态，为全球用户提供智慧的科研服务、高水平的医疗技术以及创新的临床应用。**盈康一生针对不同国家和地区需求，进行场景裂变和创新，为全球公共卫生体系建设提供了有力支持**。其中，太阳能疫苗冰箱已进入80多个共建"一带一路"国家和地区，每年服务4500多万名儿童安全接种疫苗，为缩小全球"免疫鸿沟"贡献科技力量。

2024年生态品牌的四大洞察以及品牌实践，正是**新质生产力在品牌及商业实践中的生动体现**。用户交互与企业定制之间的无限价值循环，以及技术的人性化落地，正是生态品牌基于大数据、人工智能等高科技手段对用户需求进行精准捕捉与快速响应的结果，这体现了新质生产力中"技术革命性突破、生产要素创新型配置"对生产组织方式的深刻影响。

生态品牌的可持续愿景，注重资源循环利用、生态环境保护与社会责任担当，符合新质生产力"高效能、高质量"的要求。生态品牌在全球合作与解决全球性挑战中的贡献，更是新质生产力推动全球经济一体化与人类社会共同发展的有力证明。

新质生产力的内涵为生态品牌的发展提供了理论指导与路径指引；而生态品牌的发展实践，则生动展现了新质生产力的广泛应用与巨大价值，共同推动着社会经济的持续进步与全面繁荣。

ECOSYSTEM BRAND
EVALUATION

生态品牌认证

PART

第三部分

03

硕果之证

第五章 | 生态链交互的无穷进化

1. 心语共鸣，用户体验交互

在物联网、工业互联网乃至万物互联的人工智能时代，"以用户为中心"的做法已经超越了单一产品或服务的范畴，发展成为一种全面的"我经济"模式。这种模式强调对用户个性化需求的持续满足，要求企业构建以用户为中心的场景化解决方案。因此，深入理解并挖掘用户需求，提供丰富且持续迭代更新的产品与服务，是生态品牌发展的必然方向。

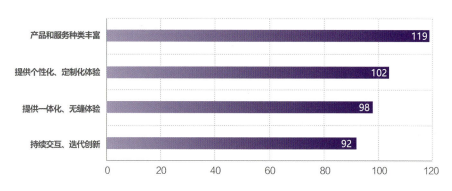

图4 用户体验交互维度：生态品牌细分属性表现（指数化得分）

"用户体验交互"评估了生态品牌在与用户持续交互过程中提供的整体价值体验。该维度下，"产品和服务种类丰富"仍然是打造优质用户体验的首要任务。丰富的产品和服务是构建优质用户体验的基础，这能有效促进企业的创新能力，使其能持续适应市场和用户需求的快速变化。相比于2023年，"个性化、定制化体验"的重要度在今年有所提升，消费者的定制化需求日益增长，这与大数据和人工智能等创新能力的蓬勃发展有着密不可分的关系。

1)产品和服务种类丰富是卓越用户体验的基本盘。随着消费者对场景化解决方案需求的增长，品牌通过构建生态，整合多方资源，持续扩展和优化产品与服务，以适应用户需求的演变。这种多元产品与服务的策略，为品牌增长带来持续的动力。

2)定制化、个性化成为人工智能时代下不可或缺的存在。数智时代深刻地改变着人们的生活方式、工作模式乃至思维方式，定制化已成为用户的"必选项"。生态品牌在这一趋势中扮演着关键角色，它们以用户需求为核心，依托其广泛的生态伙伴网络和用户交互机制，不断拓宽"定制"的边界，为用户带来更加个性化的解决方案。

3)一体化、无缝体验是品牌优势的放大器。生态品牌通过整合不同领域的产品和服务，不仅满足了用户的细分需求，更通过场景化解决方案的构建，将各产品的独特优势放大，在整个使用过程中为用户带来全新的价值及与众不同的体验。

4)用户持续交互、实现迭代创新是生态永续发展的动力。这种动力源自对用户需求的深刻理解和快速响应，它推动品牌不断创新，实现产品和服务的持续优化。生态品牌通过建立开放的沟通机制，鼓励用户参与到产品的设计和改进过程中，形成一种动态的、双向的交互机制。这种机制不仅为产品升级提供指引，也能确保产品能够持续满足用户的期望和需求。

生态品牌的生动实践，多维度诠释了品牌如何秉承以用户为中心的理念，不断深化与用户的交互，创造卓越的用户体验之旅。这些案例为品牌的生态实践提供了重要的实践智慧及可借鉴的标杆模式。

案例一 领航者 海尔　　　　Haier

以用户需求为"第一"创新动力，以用户满意为"唯一"考量标尺。海尔通过源源不断的科技创新、场景创新、服务创新，始终与用户需求同频，迭代智慧家庭衣食住娱解决方案，持续为用户定制智慧美好生活。

此前，空调要在一套系统里兼顾制冷和制热两种需求，行业普遍做法是牺牲部分制冷效果和部分制热效果，从而达到具有性价比的均衡设计，但会导致制冷、制热很长时间才会达到理想温度，严重影响用户体验，且消耗大量电力。

为了解决传统空调需要运行较长时间才能达到舒适、理想的温度，费时又费电的难题，海尔联合高校专家和技术生态伙伴深入研究理论、建模和模拟仿真，历时2年研发，首创"可变分流"技术，破解行业难题。

　　海尔跨界汲取可变车道的设计灵感，对空调换热器结构进行颠覆性改造，从"0"到"1"研发出阻力小、可逆向、无泄露的变相导向阀，将其首次应用到空调，**实现了制冷、制热流路方式可变切换，彻底解决了空调不能发挥最优能效、冷热效果差的难题，并实现节能减排**。以海尔劲爽系列空调为例，应用"可变分流"技术后，冷媒流速提升20%，均匀换热效率提升16%，可以实现15秒速冷和30秒速热，用户只需换个衣服的时间，空调就可以达到理想的制冷或制热效果，极大提升了用户体验，并且相比普通空调可以省电32%。**搭载"可变分流"技术的海尔空调迅速得到市场和用户的积极反馈**，上市至今已量产超1200万套。

　　海尔始终以用户为中心，**通过原创科技为用户持续迭代最佳体验**，目前已有200余项原创科技被行业模仿，持续以新科技刷新用户体验；获17项国家科技进步奖，在家电行业中获奖最多；获中国专利金奖12项，数量位居行业第一。

专家评语

王幸
凯度集团大中华区CEO暨凯度BrandZ全球主席

海尔以用户为中心，通过持续的科技创新、场景创新和服务创新满足用户需求。其原创科技大幅提升了产品性能，显著改善了用户体验，为用户定制智能化的美好生活；同时实现了节能减排，为智慧住居领域树立了发展标杆。

案例二 领航者 卡奥斯

在新质生产力和新型工业化国家战略背景下，千行百业都迈向了数字化转型之路，卡奥斯创新打造"**大企业共建、中小企业共享**"的生态赋能模式，构建"企业—园区—行业—城市"多维度数字化赋能路径，以高附加值服务赋能千行百业数字化转型，加速培育新质生产力。

在**企业端**，卡奥斯**提供轻量化应用，补齐企业能力短板**：为中小企业提供"低成本、快部署、易运维和强安全"轻量化应用，以更灵活的方式提升企业数字化水平。比如，卡奥斯为征和工业定制整套平台建设应用方案，帮助征和工业提升良品率至99.5%，降低人工成本10%。

在**园区端**，卡奥斯打造**绿色化引擎，带动企业降本增效**：探索"平台+园区"赋能模式，推动区域内企业规模化应用，助力绿色低碳发展，构建再循环产业生态。比如，卡奥斯为天津八里台园区提供"5G+双碳园区"全域解决方案，助力园区400多家企业能耗、碳排放量分别降低20%、30%。

在**行业端**，卡奥斯**推动生态化发展，促进产业链供应链健康稳定**：赋能推动15条产业链强链，与"链主"企业共建平台，贯通产业链上下游，促进大中小企业融通发展。比如，卡奥斯与奇瑞共建汽车行业首个大规模定制工业互联网平台，形成6大核心解决方案和13类场景解决方案，赋能上下游401家中小企业，助力企业生产成本降低15%，生产效率提升50%，为区域和产业上下游转型贡献了科技力量。

在**城市端**，卡奥斯**创新模式应用，赋能城市转型发展**：创新推出工业互联网赋能"1+N+X"模式（1个综合服务平台、N个垂直行业平台、X个示范园区）。以青岛为例，卡奥斯助力打通青岛市24个委办局，提高了服务效率和精准度，2023年，卡奥斯在青岛地区赋能5000家企业，新增工业产值350亿元，目前该模式已复制到全国10余个城市。

案例三 领航者 百度

百度智能云的千帆大模型平台降低AI技术应用门槛，推动AI技术普及化。百度智能云推出了业界首个一站式企业级大模型平台"千帆大模型平台"，为开发者提供全栈的生成式AI大模型开发工具链，支持百度自研及众多第三方大模型，同时为产业级AI原生应用开发提供支持。通过这一平台，**百度智能云助力企业加速AI技术应用开发和部署，推动AI技术普及化，助力企业数字化转型**。

百度智能云千帆平台：打造大模型服务超级工厂
云智一体 深入产业 生态繁荣 AI普惠

○ 百度智能云

AI原生应用

百度智能云甄知 | 智能创作一念 | 百度GBI | 百度Comate | 智能客服客悦 | 数字人曦灵 | 百度搜索 | 百度网盘 | 百度文库 | 如流 | …

百度智能云千帆AppBuilder·产业级AI原生应用开发平台

Agent	组件工具	代码态 | 零代码态
自主任务规划 | 工作流编排	大模型组件 | AI能力组件 | 第三方API | 场景化组件 | 基础云组件	开源SDK | 应用分发 | 示例应用 | 三步创建应用

· 低门槛、组件丰富的
  应用开发平台

百度智能云千帆ModelBuilder·大模型开发平台

模型广场	百度智能云千帆大模型工具链
文心大模型 | 轻量级大模型 | 垂良场景模型 | 第三方大模型	数据管理 | 模型训练 | 评估&优化 | 预测服务部署 | Prompt工程

· 最优效价比的
  企业级大模型开发平台

G P U 算 力 · 百 度 百 舸 · A I 异 构 计 算 平 台

· 稳定、高效、易运维的
  智算平台

自推出以来，千帆平台已构建起国内最繁荣的AI原生产业生态，为生态伙伴提供了全方位的支持与服务。截至2024年5月，平台累计服务了超过10.5万家企业用户，帮助企业用户精细调整1.75万个大模型，开发出32万多个大模型应用。平台汇聚了12万家创企和生态伙伴，其中5.5万家活跃调用平台API，展现出平台强大的行业吸引力和活跃度。2024年第一季度，已有8100家创企与伙伴通过千帆AppBuilder开发AI原生应用，服务的大模型头部客户数超过200家，凸显了百度智能云在助力企业实现AI技术应用和商业化方面的能力。

案例四　突破者 飞书

飞书与越来越多先进团队走在一起，其中不乏各行业的龙头标杆和创新型企业。随着合作加深，飞书不断吸收着各行各业的最佳实践，并融入工具赋能更多的企业伙伴，与大家一起向着未来持续进化。飞书的产品理念不仅来源于自身，更多来源于越来越多的企业伙伴。"绿洲计划"是飞书通过优质伙伴的招募、孵化、陪跑、商业化推广，携手打造更加繁荣、开放、高效生态的加速计划。

飞书希望通过绿洲计划，加速和伙伴共创好产品、好方案，满足企业的数字化工具需求，为不同行业的先进客户提供解决方案。飞书也为生态伙伴带来了飞书开放能力、多维表格生态、AI实践、aPaas生态、AnyCross开放能力的赋能，更好地孵化想象力，走近先进客户，打造先进生产力。

- **改变未来业务运转的方式：**飞书生态通过系统集成、应用搭建、项目管理，让孤立的系统变联通，让业务系统搭建变简单，让僵化的流程变灵活。

- **构建未来组织用人的方式：**构建人才的全景管理视角，围绕"事"重构"人"。与生态伙伴一起服务于先进企业，定好目标、招好人、用好人、激励好人，把人才的价值最大化，把用人的难度最小化。

- **构建未来组织协作的方式：**通过及时沟通、任务管理、日程管理、文档协同、知识管理、审批、员工服务，打通人与组织，打通组织内外。飞书生态加速计划正在进一步把企业的管理理念、做事的方式和方法通过工具来承载。

于保平

复旦大学管理学院商业知识发展与传播中心主任

飞书利用轻量的运作模式，通过流程驱动降低运营成本，为用户提供高效的协同工具。在推动数字化转型、培养高效的工作文化、促进知识分享等方面，飞书能够不断迭代体验，有效赋能用户。

案例五　突破者 德力西电气

　　德力西电气致力于以高性价比、高效率和高质量的产品与服务，为全球新兴市场客户创造舒适、美观、安全、智能的居家用电环境和专业、安全、可靠、高效的工业自动化用电环境，创领中国低压电气行业企业发展新模式。

　　德力西电气大力推动数字化转型升级，重点打造数字化智能供应链。借助数字技术，通过一物一码及产品碳足迹等，德力西电气实现了**产品的全生命周期追踪及可视化管理**。

在**仓储部分**，德力西电气通过配备AS/AR、ASS等智能化操作系统实现全程计算机控制，全面提升作业效率；通过WMS系统，实现精细化库位管理和物流信息化与可视化。在**物流环节**中，德力西电气建立ERP系统为核心的中央立体仓库，在全国布局超过15个分布式的物流中心，根据辖区内的客户历史销售数据进行充分的供应规划和保障，保证不同区域的客户可以就近从所在区域分仓得到相对充裕的货品，降低运输时效，提升用户体验感。在**销售端**，德力西电气使用了CRM系统，实时进行销售预测、销售项目管理，以及整个渠道端的所有业务数据；辅以BI系统，对业务数据进行分析，更好地了解销售情况，实现了渠道和行业业务的良性协同发展。

专 家 评 语

王幸

凯度集团大中华区CEO暨凯度BrandZ全球主席

德力西电气专注于提供高性价比、高效率和高质量的产品及服务，创造智能和安全的用电环境。通过打造数字化智能供应链，德力西电气不仅提升了客户体验感，还促进了与客户的共同成长和发展。

案例六　**践行者 中国民生银行**　

中国民生银行坚持以客户为中心，**深度理解客户需求，持续完善业务模式、管理流程和配套体制机制，不断提升客户服务的"温度"，与客户融为一体、共同成长、共创价值。**

● 把支付结算作为最重要的基础服务，把账户和开户作为最重要的基础产品，实现账户、结算、信贷综合服务；

● 将零售业务作为长期性、基础性战略业务，打造细分客群服务特色，实现企业家客群定制化、大众客群标准化、财富客群专业化、私银客群个性化、信用卡客群精细化；

● 做强基础产品服务，升级客户权益体系，丰富 V + 会员权益品类，持续打磨"非凡礼遇"精品权益，打造"聚惠民生日"活动；

● 一体化发展支付业务，围绕快捷支付、账单缴费场景、特惠商户持续开展活动；

● 升级投行、财富与私银产品货架，全面强化消费贷款业务；

● 推进网点转型升级，搭建全能行员服务模式，持续完善远程赋能与智慧厅堂改造，打造全渠道、全客户、全场景、全产品的新型"体验店"。

中国民生银行与民营企业"同根同源"，始终将民企服务作为战略重点，**持续创新业务模式和产品服务，提升民企金融服务的特色优势，致力于成为民营企业的首选银行。**中国民生银行民营企业500强覆盖率达83%；发放民营企业贷款超1.6万亿元，占全行各项贷款比重的37%。针对战略民企，深化"总对总"合作，互为战略、互为客户、互为生态，为战略客户提供总分支一体化全方位服务；针对中小民企，通过战略客户，延伸产业链，拓展生态圈，推进大中小微零售一体化开发，创新生态金融产品服务，为民企补链固链，联动服务更多上下游及产业链中小微企业。

中国民生银行在2008年推出小微企业信贷产品"商贷通"，在国内率先开启小微金融探索实践。16年来，从最初单一的信贷产品支持，到打造一体化、定制化、综合化服务体系，**持续迭代升级小微业务模式，加大对小微企业法人的信用化、线上化支持力度，为小微企业提供专业化、有温度的服务，树立了小微金融金字招牌**。

- 定制"蜂巢计划"，打造特色场景小微服务方案；
- 打造"民生e家"，围绕"人力、财务、经营"三大领域，为中小微企业提供数字化管理工具；
- 重点推出"民生惠"线上化、纯信用贷款产品，通过"星火贷""易创E贷"赋能小微科创企业成长；
- 创设新型供应链金融平台，推出"信融e""采购e"、民生快贷等生态金融产品，有效满足供应链上下游小微企业的融资需求；
- 主动融入国家乡村振兴、低碳经济和共同富裕战略，推出"农贷通""棉农贷""共富贷"等特色乡村振兴产品，通过数据增信，场景风险识别，让普惠金融活水流入田间地头。

陈宇新

上海纽约大学商学部主任、全球杰出商学讲席教授

中国民生银行对民营企业的服务，特别是对小微企业的扶助是其生态品牌建设的一个亮点。中国民生银行可以通过鼓励和促进生态伙伴之间（如小微企业之间）更多的经验交流和业务合作，进一步培养和拓展其生态圈，与生态伙伴共创共享共赢。

刘学

北京大学光华管理学院组织与战略管理系教授

作为与民企成长同根同源的商业银行，中国民生银行广泛服务中小企业，为中小企业的发展与成长提供专业的支持，为乡村振兴和乡村发展进行综合帮扶，是一家极具温度和担当的企业。

案例七 **践行者 曙光数创**

曙光数创，作为中科曙光集团旗下的璀璨明星，始终站在数据中心技术的前沿，为客户创造价值。作为一家拥有"双高新"和专精特新"小巨人"双重荣誉的高科技公司，曙光数创以其20余年的行业积累，持续推动着数据中心技术的创新与进步。

曙光数创深谙数据中心高质量发展的重要性，数据中心不仅是企业存储、处理、传输数据的核心，更是推动数字化转型、实现智慧社会的关键所在。因此，曙光数创以"持续创新数据中心技术，让数字社会更美好"为发展理念，致力于为客户提供最先进、最可靠的数据中心解决方案。

曙光数创以先进冷却技术为核心竞争力，为客户打造了一站式、全链条的液冷数据中心解决方案。从服务器到基础设施，从机房外到机房内，从硬件到软件，曙光数创都能提供最为专业的服务和支持。这种全方位的服务模式，不仅**为客户节省了宝贵的时间和精力，更确保了数据中心的稳定运行和高效能耗**。

　　曙光数创的液冷数据中心解决方案，不仅**为客户带来了显著的节能效果，更提升了数据中心的可靠性和安全性**。在数字化浪潮中，曙光数创以其卓越的技术实力和服务能力，为客户创造了巨大的价值。无论是大型企业还是中小型企业，曙光数创都能根据其实际需求，量身定制最为合适的解决方案，助力其实现数字化转型和升级。

专家评语

刘 学

北京大学光华管理学院组织与战略管理系教授

曙光数创建立了契合可持续发展战略的先进冷却技术，为企业提供有效解决方案的同时节约能源消耗，实现了"让数字社会更美好"的理念，促进了科技与自然的和谐共生。

2. 群英聚势，开放协同共创

开放协同共创是生态品牌的核心理念，它倡导通过资源的高效配置和创新的深度整合，构建一个促进生态伙伴共同发展和价值共创的生态系统。

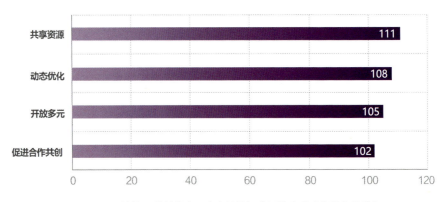

图5　开放协同共创维度：生态品牌细分属性表现（指数化得分）

"开放协同共创"是对生态品牌开放性、多元性及生态伙伴交互程度的评估。在这一维度之下，"共享资源"与"动态优化"依旧是生态品牌建设的关键要素，体现了生态伙伴视角下，生态的共享特性和有序管理至关重要。资源共享为生态发展提供动力，而有效的管理则确保生态能够灵活适应外部变化，保持发展活力。

1)共享资源是品牌实现开放协同共创的基础。数字化转型已成为企业适应经济社会数字化特征的必经之途，在这一经济背景下，生态品牌通过开放底层技术和数据资源，不仅助力了中小企业实现数字化转型，增强其市场竞争力，还利用共享资源的优势吸引新品牌加入，持续扩展生态系统。

2)**动态优化是品牌在生态化进程中的必要措施**。随着生态品牌合作范围的持续扩展，生态伙伴及生态系统对合作的期望和需求也在不断变化。为了保持生态的活力和健康，必须建立灵活动态的机制，以有效筛选和优化生态伙伴。一方面，识别并淘汰那些不再符合生态系统发展需求的生态伙伴；另一方面，积极吸引并保留那些能够持续为生态系统带来价值的生态伙伴。这样的机制有助于资源的高效配置，推动品牌在生态化发展中稳步前进。

3)**开放多元是品牌生态化进程中的关键思想转变**。这种新的思维模式是品牌生态化进程中的核心，它促使品牌突破传统边界，以一种更加开放和包容的心态来审视市场。这种前瞻性视角促使品牌与能提供互补优势的伙伴建立紧密合作，共同探索新的增长机会。

4)**合作共创是生态品牌互利共赢的关键途径**。在生态品牌体系内，通过合作共生，各品牌能够依据自身的定位和专长，发挥各自优势，这种合作共生不仅促进了品牌间的互补和增值，还实现了超越单一品牌能力的协同效应，即达到了"1+1>2"的效果，从而推动整个生态系统的价值增长和创新发展。

以下案例呈现出生态各方基于开放、协同的原则，实现价值共创共赢的有效实践。通过推进数据的无缝流通、资源的广泛共享以及技术的深度赋能，生态品牌与其生态伙伴建立起紧密的连结纽带，共同探索并实现了各方利益的最大化与最优化。

案例一　**领航者 华为**

2024年4月，华为在"华为第21届分析师大会"上宣布关键战略举措，其中之一便是决定在2024年及未来五年，**将强力战略投资生态的发展，涵盖鸿蒙原生应用生态、鲲鹏生态和昇腾生态三个关键领域**，目的是通过生态的发展牵引、促进、带动终端产业和计算产业的发展。

华为将重点打造鸿蒙原生应用生态，华为希望将中国市场智能手机上使用超过99%时间的5000个应用全面迁移到鸿蒙原生操作系统，覆盖从物联网终端到移动终端，再到家庭终端等的所有设备。

同时，华为将持续打造鲲鹏生态。自2019年开源通用计算操作系统openEuler，并在2020年开源数据库openGauss以来，中国75%以上的应用软件已能在鲲鹏处理器上运行。华为期望在未来几年内，推动所有中国应用软件既能在X86处理器上运行，也能在鲲鹏处理器上运行，从而增强鲲鹏生态的兼容性和普及度。

在炙手可热的人工智能领域，华为布局了昇腾生态，围绕昇腾处理器、CANN和MindSpore，华为希望企业和开发者能够基于这些平台训练所有大模型，并完成所有的推理工作，推动人工智能技术的广泛应用。

华为将基于华为云为鲲鹏、昇腾和鸿蒙生态的所有开发者打造统一的开发者平台，提供统一入口，使开发者能够在这三个生态系统上自由移动。

案例二　领航者　百度

百度致力于推动技术创新和人才培养，努力为全社会构建全面完善的AI生态系统。飞桨星河社区以飞桨和文心大模型为核心，集开放数据、开源算法、云端GPU算力及大模型开发工具于一身，在大模型范式下，为开发者提供模型与应用的高效开发环境。社区现已汇集近千万的AI开发者，覆盖深度学习初学者、在职开发者、企业开发者、高校教师、创业者等，已成为AI领域最具影响力的社区之一。百度的AI人才培养计划自2020年6月启动以来，已成功培养了500万AI人才，随着大模型成为人工智能发展的热点方向，百度更进一步推出了大模型人才培养计划，将再为社会培养500万大模型人才，以满足智能经济和智能社会的发展需求。此外，为推动国内大模型发展，百度设立了10亿元人民币的百度文心投资基金，同时启动了"文心杯"创业大赛。两届"文心杯"创业大赛共收到了数千创业团队的报名，百度除了为优胜团队提供资金支持外，更在技术、团队和资源上持续提供全方位的扶持。

专家评语

陈宇新

上海纽约大学商学部主任、全球杰出商学讲席教授

百度以打造生态圈的方式推进AI技术应用，并致力于全社会的AI人才培养，创造了巨大的科技价值、经济价值和社会价值。未来，通过进一步促进各类用户和生态伙伴之间的交流、学习和合作，相信百度将为全球AI技术的发展和应用推广创新做出更多贡献。

案例三　**突破者　中粮**　

中粮集团依托国内外、上下游一体化协同的运营优势，持续关注利益相关方的价值诉求，重点聚焦共建"一带一路"、推动乡村振兴及保障食品安全等领域，不断引领全球农粮产业现代化发展。

作为农粮行业"走出去"的领军者，中粮积极与"一带一路"沿线国家在农粮食品领域开展投资、贸易、技术等合作，不断拉动区域发展，提供市场机遇，推动建设开放型世界经济。在阿根廷，为提升当地农粮供应链效率，中粮集团旗下中粮国际和阿根廷农业合作社协会（Association of Cooperatives Argentina，简称ACA）共建铁路专用线，将当地提布斯港口与外部铁路连接起来，大大提高了运粮及卸货效率。阿根廷铁路运营公司表示，这条铁路线"实现完全自动化，卸货能力达1000吨/小时，是拉美地区最现代化的铁路之一"。在东南亚和非洲，为减少粮食损耗，中粮积极推广"减少水稻产后损失"技术，成功应用于当地粮油仓储、干燥和加工等项目。2022年联合国世界粮食计划署（WFP）中国办公室特意向中粮致感谢信，感谢中粮技术专家对"南南合作"工作的大力支持，以及对巩固中非水稻价值链合作做出的突出贡献。

作为国内农粮行业的"领头羊"，中粮紧紧抓住"产业振兴"这个牛鼻子，推动乡村振兴，促进共同富裕。在黑龙江延寿县，中粮根据当地突出的稻米种植优势，导入优质资源，以"订单农业"推进当地水稻种植、加工、品牌及基础设施建设，提升水稻溢价能力，带动就业超1000人；在黑龙江绥滨县，由中粮和绥滨县政府牵头，集合多家单位，共同出资7000万元组建的中粮贸易（绥滨）农业发展有限公司，打造"公司+合作社+农户"的绥滨模式，让农民持续分享产业增值带来的收益。

专 家 评 语

于保平

复旦大学管理学院商业知识发展与传播中心主任

中粮依托全球一体化布局和国内产业发展所形成的高效协同优势，关注生态伙伴的价值诉求，推动乡村振兴，保障食品安全，打造全产业链的生态体系，引领农粮产业的现代化可持续发展。

案例四　突破者　中控技术　　　中控·SUPCON

　　中控技术不断推动校企联动融合，积极打通专业人才培育与高质人才供给的路径，从源头解决产业发展中面临的人才短缺问题；同时，通过各种形式的交流合作，与高校实现定向**资源共享、优势互补**，协同建立科研实验室、优化研发环境与产业应用测试环境、提供专属培训计划与就业实习机会，以"双师型"创新团队助力高校研发能力提升，**推动教育与产业的良性互动**。

　　目前，中控技术已与中国地质大学（武汉）、中国石油大学（华东）、东北大学信息学院、广西交通职业技术学院、巴基斯坦NED大学等多所国内外知名院校达成深度合作协议，共谋产教融合新发展。

以中国地质大学（武汉）为例，中控技术与中国地质大学（武汉）携手共建未来技术学院，联合打造智能化技术实验室和工业互联网实验室，共同探索高水平人才培养的实验实践教学新模式。同时，中控技术向学校捐赠价值千万的先进设备，并向"智能地球探测奖学金"捐赠50万元，奖励在智能地质装备领域取得优异成绩的学生。**以产助教、以教促产，中控技术将国内一流的技术与团队、行业多年的积累沉淀和先进的软硬件配置与中国地质大学（武汉）显著的科研能力和师生力量强强联合，进一步贴近学术源头，孵化更多科研成果**。目前，学院汇聚多学科背景、高学术水平、融合产业落地的师资队伍，以院士、长江学者、国家杰青和知名学者担任首席科学家，已成为中国地质大学（武汉）交叉学科建设的重点单位，负责管理人工智能与地球探测、地学大数据2个交叉学科学位点建设。中控技术**将持续构建优化科研平台与产业共融的联动机制，赋能高校研发，输送高质量人才，培育产学研协同共创的新可能**。

专家评语

王幸
凯度集团大中华区CEO暨凯度BrandZ全球主席

中控技术通过推动校企合作，面向产业需求开展联合攻关，树立了科技与产业融合发展的典范。在此基础上，公司深化AI技术与数据的融合，为全球客户提供全面的数字化解决方案。这些努力不仅实现了数据驱动的决策和协同优化，更推动全球工业模式向智慧化方向转型，彰显了中控技术在行业中的引领地位。

案例五　践行者 上海家化

上海家化在全球五大洲拥有广泛的销售网络，将匠心产品提供给全球消费者，进一步巩固和提升了全球市场的影响力。

在营销端，上海家化与天猫新品创新中心（TMIC）合作建立"创新工厂"，助力品牌探索新的赛道和战略，在产品孵化、上市前及整个运营过程中进行消费者洞察，通过精准的市场分析，加快产品开发过程，显著提升新品成功率。上海家化从研发、企划和产销入手，构建数字化运营体系，利用TMIC已有的知识库+孵化器等功能**提升自身大数据分析能力和数字化水平，实现敏捷创新的探索尝试。**

在研发端，上海家化与全球领先的化工公司巴斯夫建立科技创新合作，**获取符合市场需求的全球尖端创新技术、独家定制的先进原料和解决方案，借助内外部研发实力和科技手段，加速科研数字化转型和变革**。该生态伙伴关系也将助力巴斯夫通过"共创"形式向本地客户提供更多创新及差异化解决方案。

上海家化与上海交通大学医学院附属瑞金医院的"医研共创"模式已进入第22年，上海家化旗下医研共创品牌玉泽针对敏感肌的日光防晒，在2022年首创了一款颠覆型大分子防晒体系，并联合瑞金医院，率先开展中国首个关于防晒用品中防晒剂在体内暴露的人体安全性临床研究，首次为皮肤外用防晒剂更高的安全性标准提供有力的数据支持。2024年，玉泽根据敏感皮肤细分人群痛点开发了两款专业护理产品干敏霜和油敏霜。

此外，上海家化与人工智能企业旷视科技签署了AI科技创新合作协议，在前期通过人脸关键点测肤技术**打造属于国人的定制化护肤解决方案**的合作基础上，双方会继续深化合作方向，满足消费者对于高品质生活的追求，推动公司在美妆行业持续创新突破。公司牵头建立行业首个《化妆品医研合作研究规范》团体标准，积极促进行业医研共创和医研合作领域的规范化健康发展。在人工智能方面的探索上，公司牵头发布了业内第一个以国人数据为基础的 AI 测肤行业团体标准《人工智能（AI）测肤数据分析法》，为人工智能技术应用于美妆领域的规范发展树立了一面旗帜。

上海家化研发中心与国内顶尖科研院校华东理工大学、复旦大学等联合成立十余个实验室，涵盖基础研究、细胞生物研究、皮肤多组学研究、功效活性物研究、化妆品、个人护理用品、家居护理用品、包装材料等领域，推进化妆品行业新技术和新工艺的实现。

专家评语

王幸

凯度集团大中华区CEO暨凯度BrandZ全球主席

上海家化结合智能化创新技术，与生态伙伴通过"医研共创"模式，为不同用户提供高效的差异化解决方案，推进了行业在新技术和新工艺方面的建设。这些实践体现了生态品牌在开放协同、共享共创方面的优越性，让生态各方充分发挥各自优势，推进共同发展。

案例六   **践行者**
Authentic Brands Group

authentic
AUTHENTIC BRANDS GROUP

Authentic Brands Group整合了并购、品牌战略、创意和数字创新业务，赋能旗下的全球生活方式和娱乐品牌。

Authentic全年零售总额超过290亿美元，旗下品牌的零售足迹遍布150个国家和地区，包括超过13300家独立门店和店中店，40万个销售网点。Authentic独特的授权模式将旗下品牌与IP以及由1600多个优秀的生态伙伴组成的网络连接起来，这些生态伙伴是产品设计与开发、分销与零售的专业人士，因此Authentic能够为旗下品牌在市场中建立长期价值。通过生态效应，Authentic在各个消费者触点、平台、新兴媒体上讲述品牌故事，吸引了全球超过6.18亿的社交媒体粉丝。

Authentic拥有全球最具影响力的品牌矩阵之一，致力于通过可持续行动，DE&I以及目标驱动的生态伙伴关系，如与Global Citizen（全球公民组织）的长期合作，推动规模化的积极影响。这些合作通过产品联名、捐赠活动和客户倡议等方式，激发消费者参与其中。Authentic旗下重要品牌，如Nautica、Aéropostale、Forever 21和Brooks Brothers等已投身于或计划参与合作项目。这一首创合作进一步阐明了品牌特定的企业社会责任目标，提高人们对重要问题的认识。

Authentic秉持"全球视野，深耕本土"的理念，将其品牌管理的专业知识与生态伙伴对本土市场和文化趋势的深刻理解紧密结合。Authentic提升了品牌和生态伙伴在中国、拉丁美洲、欧洲等重要增长市场的定位。Authentic通过符合品牌精神的扩展策略，推动每个品牌在不同品类和地区的战略性增长，同时为生态伙伴提供利用其本土知识和关系网络的机会。通过这种方式，Authentic不仅实现了可持续增长，还在各品牌取得成功的过程中培养了共同的价值观和自豪感。

Nautica发展成为一个在65多个国家和地区拥有35个以上品类的全球知名生活方式品牌，彰显了Authentic商业模式的强大实力。自2017年在中国市场焕新问世以来，Nautica通过与Tristate的合作树立了品牌本土化和锐意创新的标杆。

2021年春季，Nautica中国抓住了日本"城市男孩"风格这一新兴潮流，该风格源于Nautica日本的复古大码系列。这个系列最初由知名创意总监长谷川昭雄与Nautica日本的授权商Toyoshima公司合作设计，原计划只在日本的多品牌设计师连锁店销售。然而，Nautica中国从中看到了更大的市场机会。Authentic促成了Nautica中国与日本2021秋冬系列的合作。日本系列首先在中国推出，随后在东南亚地区推广，以其现代潮流的美学成功吸引了年轻一代的目光。

此外，Authentic和Tristate团队受这一城市男孩风格的启发，推出了名为Nautica White Sail（白帆）的独特子品牌，专门面向Z世代。为支持这一新品牌层级，Nautica中国与生态伙伴共同创立并塑造了充满怀旧风情的全新Nautica White Sail品牌形象，显著促进了业务增长和消费者的积极参与。

　　在美国市场之外，Nautica目前推出了三条产品线：黑帆高端系列，旨在吸引更成熟、商务休闲风格的消费者；蓝帆经典系列，主要针对喜爱经典风格的消费者；白帆潮流系列，专门吸引最新一代的消费者。自推出以来，白帆已成为中国市场的主要增长引擎，并在东南亚和澳大利亚取得了热烈反响。

专家评语

王幸
凯度集团大中华区CEO暨凯度BrandZ全球主席

Authentic Brands Group秉持"全球视野，深耕本土"的理念，通过建立可持续发展和目标导向的合作关系，帮助生态伙伴在重要市场实现可持续增长，推动了消除贫困和环境保护的进程，为社会创造了积极影响。

第六章 | 生态方价值的无穷循环

1. 体验沉淀，终身用户价值

在数智时代，品牌与用户之间的联系正变得更加紧密与持续。完成交易不再是品牌与用户关系的终点，而是双方互动的新起点。生态品牌可以联合生态各方伙伴，向用户提供跨行业、跨领域以及更加智能化的终身解决方案，在持续变革中满足用户的深层次需求，有效留存现有用户并促进用户终身价值的沉淀。

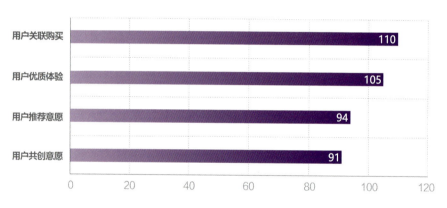

图6　终身用户价值维度：生态品牌细分属性表现（指数化得分）

"终身用户价值"这一维度评估了生态品牌在与用户交互的过程能否通过持续提供价值沉淀终身用户。与2023年对比，该维度下各要素重要性排序维持一致，"用户关联购买"和"用户优质体验"依然是终身用户价值打造的重中之重。用户推荐意愿是"关联购买"和"优质体验"产生的结果。"共创意愿"则是对品牌提出进一步的要求，需要它们与用户建立更深层次的交流与合作，倾听用户的声音，理解用户的需求和期望，并在产品和服务的创新过程中积极吸纳采用这些反馈和建议。

1）用户关联购买是沉淀终身用户的重要基础。关联购买源于用户对产品或服务的深度认可和信任。当用户发现品牌能够提供多样化的产品与服务，并在持续满足需求之余带来额外的价值和便利，他们更有可能进行持续的复购。品牌通过满足用户多元化需求，能够有效构建持续且稳定的用户关系网络。

2）用户优质体验是沉淀终身用户的关键要求。用户优质体验是企业赢得终身用户的关键。它不仅关乎产品功能，更涵盖服务、互动和个性化方案，解决用户的问题和实际痛点，持续为用户带来超越期待的体验，让用户与品牌建立持久联结。

3）用户推荐意愿是终身用户的核心指标。在数智经济时代，用户拥有便捷的条件和强烈的意愿去向他人推荐他们认为优秀的品牌。这种用户为品牌主动背书的行为，能够为品牌吸引大量优质用户，形成"良好使用体验—用户主动推荐—用户购买"的正向循环。因此，生态品牌需要巩固并扩大在用户体验上的差异化优势，促进用户推荐意愿的增长，实现终身用户价值。

4）用户共创意愿是打造终身用户价值的进阶要求。用户共创意愿是品牌与用户深度互动的体现，也是转化为终身用户的进阶要求。生态品牌通过持续的互动和交流，为用户创造了参与共创的机会。用户在这个过程中不再是被动的消费者，而是参与品牌发展和创新的"产消者"。

　　我们看到了跨行业、跨领域的生态品牌们，通过提供超越期待的品牌体验，在用户心中构建起坚实的信任桥梁及情感纽带。

案例一　领航者 Apple

　　Apple在2024年全球开发者大会（WWDC）上发布了一款全新的个人智能化系统——Apple Intelligence。这一技术深度集成于持续更新的Apple全设备系统中，**Apple致力于通过全新AI系统为用户提供智能化、个性化的使用体验，简化并加速日常任务的处理。**

　　Apple Intelligence 通过生成式模型，根据用户的具体场景提供多种智能化功能。该系统能够在iPhone、iPad、Mac等设备上无缝运行，为用户带来写作辅助、邮件处理、照片编辑、个性化表情符号生成以及语言检索等多项功能。例如，最新的邮件应用新增了Priority Messages功能，在收件箱顶部显示最紧急的邮件，同时Smart Reply功能可以生成快速答复文本建议，确保用户全面回应邮件中的所有问题。通知功能也得到了增强，Priority Notifications会显示最重要的事项，并提供详细的内容摘要，帮助用户快速浏览大量通知。**Apple Intelligence的推出大大提升了苹果用户的工作和生活效率。**

　　Apple Intelligence还引入了Private Cloud Compute技术，确保AI功能的隐私和安全。该技术允许在设备端和服务器之间灵活配置计算资源，确保用户数据的私密性和安全性。

案例二　领航者　海尔　　　**Haier**

　　海尔生物医疗以创用户最佳体验为目标，面向医药生物企业、高校科研机构、医院、疾控等提供智慧实验室、智慧合规制药、数字医院、智慧公共卫生、智慧用血等数字场景综合解决方案，**助力生命科学与医疗卫生领域创新发展，普惠全球生命健康**。生物医药产业的崛起，使其全球流通日益频繁。主动式航空温控集装箱主要用于运输生物医药、精细化工、精密电子元器件等高价值温敏物资。由于其温控效果关乎所载物资的质量安全或疗效，箱体"每一寸"都承载着生命之重，市场对这类装备的性能要求严苛。长期以来，中国企业在高端航空温控物流装备及服务市场占有率低。中国企业自主研发该装备，面临着技术壁垒、无标可依、供应封锁"三座大山"。

　　海尔生物医疗坚持科技自立自强，从"0"到"1"攻克了紧急释压技术、温控系统技术等难题，打破国外近30年技术垄断，研发出具有中国自主知识产权的主动航空温控集装箱，不仅在保温、制冷、控制等多项指标上取得突破性提升，还比国外同类产品的续航时间长50%、功耗低20%。目前海尔生物医疗的主动式航空温控集装箱已覆盖国际主流民航客机机型，全方位满足生物医药等高价值温敏物资对温控均匀性、稳定性、安全性的要求，**为中国生物医药供应链安全提供可靠技术保障，推动中国航空温控物流产业进一步规范健康有序发展**。

　　同时，海尔生物医疗还不断加快生态协同的步伐，通过链接药企、航空公司、机场、货运代理、货站、运维服务商等上下游生态资源，打造亚太区域首家覆盖全球的远距离温控运输生态平台，逐步建成覆盖全链条的航空温控物流服务生态。海尔生物医疗将**立足生命科学产业高质量发展继续深耕探索，加速新技术、新方案在全球的研发应用，让生命更美好。**

专家评语

陈宇新

上海纽约大学商学部主任、全球杰出商学讲席教授

海尔不仅自身是领先的生态品牌，旗下的品牌矩阵也已成为了生态品牌，拥有各自的生态圈。海尔生物医疗这一实践，推动了海尔共生型生态圈的快速成长和进一步繁荣。展望未来，相信海尔生物医疗将继续深化这一理念和实践，促进生命科学产业生态圈内各方的互动、共享和协作，开创一个创新驱动、共生共赢的全新时代。

案例三 **领航者 京东方**   **BOE**

京东方凭借其在显示技术和物联网领域的深厚积累，始终致力于为用户提供一体化、个性化的场景体验。

针对B端客户，京东方始终坚持客户导向，以半导体显示、传感器件、智能制造等核心能力为基础，以卓越的产品与服务为客户创造最佳用户体验。截至目前，京东方生态伙伴数量已突破5000家。**智慧车载领域**，根据全球市场调研机构Omdia数据，2023年京东方车载显示出货量及出货面积持续保持全球第一，同年京东方发布了面向智能化汽车时代应用场景的"HERO"计划，通过前沿尖端显示技术和智能座舱解决方案不断提升车载智能化和科技感，打造从"链"到"圈"的产业协同生态，全面赋能智慧出行产业发展。

　　智慧金融领域，京东方智慧金融解决方案已为工行、建行、农行、民生银行等机构在31个省份超4000个网点提供"屏+软件+内容"的智慧化升级服务。**数字艺术领域**，通过8K级"ULive超现场"超高清数字演艺现场技术解决方案，打破传统观演方式的时空限制，向多个"第二现场"提供沉浸式现场观演体验。**智慧零售行业**，京东方智慧零售解决方案覆盖全球超过62个国家的3.5万家门店。**"双碳"能源领域**，京东方零碳综合能源服务助力超150家企业落实"双碳"目标。

　　针对C端用户，**京东方目前已推动三大技术品牌ADSPro、f-OLED、α-MLED在100+款智慧终端上落标，极大提升了用户辨识和认知前沿技术的能力**，其中BOE技术品牌京东自营旗舰店更是为产业链生态伙伴打造出了全方位的资源赋能和全新的联合"破圈"品牌营销阵地。

　　同时，京东方**不断探索创新品牌营销**，《你好BOE》线下品牌巡展持续升级，联动国内及海外行业及跨界伙伴，进行"屏之物联"的场景化品牌推广，累计深度体验人数10万+，全网传播量1亿+，让人们近距离感受前沿科技带给生活的真实改变。自创微综艺《BOE解忧实验室》，以"科普+综艺"的趣味形式，为广大观众提供零距离了解高精尖潮流"黑科技"产品的崭新窗口，前两季全网传播总量已达4亿+，提升BOE科技实力的认知与好感度的同时，不断加强BOE生态伙伴在C端人群中的影响力。细分营销场景，2023年6月成立"Best of Esports电竞高阶联盟"，携手京东，联合19家电竞生态伙伴、终端品牌伙伴、平台伙伴,打造覆盖硬件、终端、内容、市场的全链路电竞生态，全年活动曝光量26亿+，建立C端垂类客户认可，并拉动NB、MNT、TV等客户产品价值提升。

案例四 突破者 中控技术   中控·SUPCON

中控技术拥有强大的研发实力和技术储备，致力于**"AI+数据"**
核心能力的深度构建及落地应用。经过三十年的积累沉淀，中控技
术卓越的产品技术被广泛应用于千万吨级炼油、百万吨乙烯、百万吨
芳烃、百万吨煤制烯烃等大型工程项目之中。目前已累计服务数十个
重点行业的海内外3万多家客户，在多个工业应用场景为客户全方位
创造效益价值与社会价值。

在广东石化智能工厂建设实践中，中控技术以"1+2+N"智能工
厂新架构为支撑，为广东石化量身打造了"工厂操作系统+工业
App"技术架构，**构建统一的数字底座，打通工厂业务数据和生产**
数据，帮助企业实现数据驱动的决策和协同优化。同时，中控技术

采用全流程智能运行管理与控制系统（OMC），确保控制系统与各类工业软件无缝集成，工业数据与应用充分融合，为广东石化项目各专业人员赋能，**实现控制、优化、管理一体化，助推广东石化在实现智能工厂的少人化、无人化运行上迈出关键一步。**

　　该项目刷新了石化产业核心控制系统国产化的多项纪录，包括17万余I/O点、2165面机柜、1210个控制台、277对控制器、13924块I/O卡件以及178台服务器，实现了工业装置的高效安全自主运行，构建了生产管控协同、智能运行的全新模式，**达成了装置有效自控率接近100％、操作频次降低95％以上、日报警平均数量减少80％、装置平稳率达99％的价值目标。**

案例五 **突破者 蔚来**

　　蔚来针对电动汽车用户续航和补能的核心痛点，创新地推出了换电模式，这种模式不仅为用户提供了便捷的加电体验，还基于车电分离模式，蔚来创新性地推出了BaaS电池租用服务，买车不用买电池，降低了购车门槛，无需担心电池衰减问题。

　　当其他车还在排队等充电桩的时候，蔚来用户只需要将车辆停到换电待停区，点击开启换电流程，车辆便会自动泊入换电站，全自动换电流程仅需3分钟，就可让车辆满电出发，和加油一样方便。

　　截至目前，蔚来已建设超2480座换电站，总计提供了超5100万次的换电服务，换电站已经是最受蔚来用户欢迎的加电方式。**蔚来的换电模式有效解决了电动汽车用户的续航焦虑和充电不便等问题，推动了电动汽车的普及。**

　　此外蔚来也先后和长安汽车、吉利控股集团、奇瑞汽车、江汽集团、路特斯、广汽集团、中国一汽在内的7家车企达成充/换电战略合作，共同推动标准化、规模化的能源基础设施网络。蔚来还与中国石化、中国海油、壳牌、国家电网、南方电网等能源电力领域企业进行全方位的换电合作，共同推动电动汽车换电生态的快速发展，致力于为用户带来更高效、便捷的补能服务体验。

　　2024年8月20日，蔚来在"Power UP 2024 蔚来加电日"上正式发布加电县县通计划，加密蔚来充/换电网络布局，把蔚来充电桩和换电站建至全国各县，为用户提供便捷、高效、广泛的加电服务。

新的加电县县通计划将进一步提速和加密蔚来充/换电网络布局，为蔚来、乐道及新能源汽车用户**提供便捷、高效、广泛的加电服务体验，缓解用户里程焦虑，实现"让油车能去的地方、电车都能去"**。

这些举动不仅提升了用户的购车和使用感受，还增进了用户对蔚来品牌的忠诚度和推荐意愿。

专家评语

王幸

凯度集团大中华区CEO暨凯度BrandZ全球主席

针对电车用户痛点，蔚来创新推出换电模式，通过便捷的补能体验和更丰富的购车选择为用户带来了超越期待的体验。期待蔚来换电模式的下一步进化，在不断提升用户体验的同时进一步推动电动车的普及。

案例六　突破者　太平洋保险

中国太保依托太保服务品牌将保险产品与服务深度融合，构建"保险+健康+养老"立体式综合解决方案，全面提升用户体验和获得感。

- **太保服务官：** 建立四级"太保服务官"制度，增强在一体化消保治理中的关键枢纽作用，各级服务官通过开展金融宣教活动、办理客户投诉案件以及主动走访客户等形式倾听客户声音，感知服务体验痛点和流程堵点，切实提升服务供给质量。

- **NPS客户体验实时监测平台：** 累计上线77个服务场景，覆盖客户关键旅程，多角度获取客户反馈。2023年，中国太保累计向客户推送问卷近1700万份，围绕客户高频体验痛点制定简化业务流程、加强智能应用等优化举措。

● **数智化服务：** 太保产险引导客户使用"云门店"小程序、"太好赔"

"专享赔""太贴心""e农险"等数智化服务品牌，为广大客户提

供快速、便捷的金融服务；太保寿险基于人工智能和大数据，发

布"数字健康档案"，支持用户上传自己的体检报告或线下就医

记录，实现数字化和归档管理；太保健康险发力线上销售渠道，联

合太保数智研究院共同发布保险与服务数字化解决方案，打造精准

营销、智能核保、智慧理赔、"两全"健康管理服务。

专 家 评 语

刘 学

北京大学光华管理学院组织与战略管理系教授

作为发展历史长久、资本实力雄厚的世界500强，中国太保在品牌价值、营销体系、异业合作和金融生态建设方面有清晰的目标并笃行不怠。中国太保可以基于用户需求，通过业务体系布局和服务体系建设，提供综合性解决方案。

案例七　**突破者 海纳云**　　　　　**Ⓒ 海纳云**

　　针对排水领域污水偷排、雨污混接、管网设施运维低效等问题，海纳云联合合肥经济技术开发区（简称"合肥经开区"）共同构建了软硬一体化、覆盖"排水户—雨污管网"的精细化监测防控网。通过在重要节点安装多普勒流量计、超声波液位计等智能硬件设备，搭建"排水管网一体化监测服务平台"及手机移动应用，为排水系统进行常态化"体检"，**用数据为合肥经开区水质水量预警、执法联动以及排水系统的提质增效和管理决策提供技术支撑，打造全国样板。**

　　海纳云为合肥经开区排水项目建设了科学高效的排水管网在线监测数据分析模型。海纳云针对排水管网中的雨污管道混接、管道淤积堵塞、偷排漏排、溢流和内涝等现象，结合排水管网GIS系统、排水泵站自动监控系统、城市河道管理系统等不同模块中的在线监测数据，对这些数据进行统计分析处理，快速找到原因、事故地点和发生

时间，**实现排水管网的科学有效调度管理**。同时，海纳云为项目**提供"报警—派单—处置—反馈"全过程跟踪支持，实现所有隐患的全流程闭环管理，保障排水管网安全运行**。系统报警、随手拍、外单位协同信息可上报至管网监测信息化指挥平台，形成工单；负责人根据上报情况，可随时查看工单流程。工单结束后，由验收小组验收，通过验收后，工单关闭，计入软件平台。

该项目极大地改善了合肥经开区的环境品质，减少了排水管网冒溢现象，避免降雨导致的道路积水；实现排水管网混接错接、污水偷排的发现速度提升30%，排水管网冒溢、淤堵发现速度提升35%，工单处置效率提升40%，**极大地节省了人力物力成本，具有很高的环境效益、民生效益和经济效益**。

专家评语

陆定光

法国里昂商学院市场营销学教授、法国里昂商学院欧亚品牌管理中心主任

海纳云深刻理解并抓住了需要采用全局方法来管理业务与创新的关键。因此，海纳云能够通过发挥数据和技术的价值，优化资源使用，进而实现更大的价值创造。海纳云与整个社会的利益紧密相连，其成功将为社会带来多方面的益处，进一步推动社会的进步与发展。

案例八　突破者　中信银行

中信银行"同业+"平台于2016年应运而生，以凝聚"连接·整合·共享"为服务理念，发挥中信银行资源禀赋，做大"连接赋能"，广泛连接F端客户，创建了金融机构综合金融服务平台。与时偕行，道在日新，2024年，中信银行"同业+"平台焕新升级，依托中信集团"金融全牌照+实业广覆盖"优势，在金融同业领域形成综合化特色。中信"同业+"全面构建机构销售、做市交易、投研服务"三位一体"综合服务平台，**为金融机构客户提供境内外投融资及交易的"全产品、全客户、全周期"综合服务，引导资金更多流向实体经济和优化金融资源配置，为推进金融高质量发展、加快建设金融强国贡献中信力量。**

中信银行"同业+"平台坚持"以客户为中心"，秉持"一个中信、一个客户"原则，构建"精品销售商城""金市交易云厅""智数交流平台"三大功能支柱，打造了18支业务大单品、546个模块、1638个业务功能点。携手客户从"渠道共享、产品代销"探索更深层次的"互为客户、开放共享"的合作跃迁。

● **"精品销售商城"** 实现集团优选产品独家定制、万亿资金投资无缝衔接、专业投资工具无限畅享，广泛连接F端需求，统筹"量、价、险"平衡，获取资产配置最优回报。

● **"金市交易云厅"** 全面覆盖主流FICC服务，实现场内外交易需求快速衔接；线上重塑跨境金融服务体系，全面支撑客户全球业务一体化经营，大幅提升境内外投资效率。依托中信集团各子公司在债券市场承销、交易端的优势，构建债券一级投标，二级流转交易大厅，通过IMC双生态智能匹配模型，与资管业务充分结合，打造"资管+债券"双轮驱动的金融市场生态。

● **"智数交流平台"** 通过开放共享领先的投研资源、专业的AI量化模型、智能化风控能力，打造以人为核心可感知的互动交流社区，助力机构及其从业人员共同成长。

截至2023年末，中信银行"同业+"平台年交易量突破1.8万亿元；平台签约客户数达2840户，服务客户覆盖证券、基金、城农商行等15大主流行业，其中有70%为城商行、农商行等中小金融机构，均处同业领先水平。

2. 和合共荣，共赢增值效用

在全球化进程和数字化加速转型的背景下，品牌间的互联互通日益加强，共同构建了一个充满活力、具有开放及创新能力的生态系统。在动态发展的市场环境中，生态伙伴需实现优势互补和互利共赢，通过风险共担与利益共享，为生态系统的稳定与可持续发展打造坚实基础。

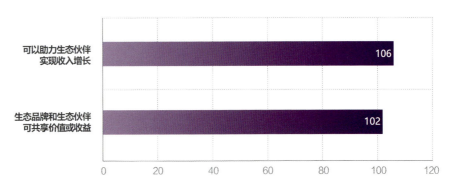

图7 共赢增值效用维度：生态品牌细分属性表现（指数化得分）

"共赢增值效用"评估了生态品牌为生态伙伴带来的价值效用。生态的构建能为生态伙伴提供多样的增长途径，如联合伙伴力量不断拓宽业务边界，实现收入增长，与生态伙伴联合共创，深化技术的创新与应用，共享增值收益。

1）为生态伙伴实现收入增长是生态构建的基础。生态品牌构建的核心在于促进生态伙伴实现收入增长，这是吸引并维系高质量合作关系的基石。生态品牌通过构建生态系统，为生态伙伴带来增量和溢价，吸引新品牌持续加入生态。生态品牌通过开放多元的合作模式，拓宽生态伙伴盈利空间，同时依托技术创新与商业模式赋能，助力生态伙伴降本增效。这一过程不仅促进了生态各方的互利共赢，也为生态品牌的持续繁荣奠定坚实基础。

2)与生态伙伴实现价值与收益共享是生态繁荣的支柱。生态品牌与生态伙伴之间的深度互动，构建了互利共赢的协同体系。生态品牌提供了一个共创平台，通过整合多方资源，与生态伙伴共同推动市场增长，并公平分配由此带来的收益。这一机制不仅巩固了伙伴间的价值共创关系，也推动了整个生态系统的持续繁荣。

我们梳理了如下的案例，它们生动诠释了生态品牌对共生共赢的深刻认同与积极实践。生态品牌与生态伙伴互利共享，携手打造各方共赢的合作范式，共同迈向繁荣增长的新纪元。

案例一　领航者　卡奥斯

卡奥斯持续与政府、企业、机构等开放合作，在为用户提供高质量、高价值场景应用与解决方案的同时，携手生态各方共创共建数字新生态。

卡奥斯与山东省郯城县政府共建"郯城县工业互联网综合服务平台"，成为山东首个县域工业互联网综合服务平台。在**企业侧，**围绕企业全生命周期服务提供包括企业诊断、供需对接、数字化服务等16大项模块功能，**汇聚100余款数字化产品和解决方案**。在**政府侧**，打通企业、园区、政府三方产业数据，打造郯城县工业大脑，创新性构建基于工业用电量研判产值税收的多维数据模型，**为政府强链补链延链、精准施策提供数据支撑。**

目前，该平台已有注册企业309家，上架数字化赋能产品110个、行业解决方案27例，不仅能为中小企业赋能增效，还为绿色化工、家居建材等优势产业转型发展提供数据支撑。

该平台开放"应用商店"，将解决方案拆分成细分环节和小场景，企业最低只需几千元成本，**大大降低了企业转型门槛，共享数字化带来的新价值**。如生产电池配件的临沂广发科技，通过卡奥斯平台赋能，基于工业机理模型的后台数据监测，产品合格率从85%提高到96%，"质"的提升让广发科技一跃成为5家头部企业的指定供应商。

该平台构建产业链地图，连接着郯城各产业和上下游企业，不同产业链企业间还可以发布需求信息，**以科学配置实现资源价值最大化**。如在化工产业，借助平台梳理的产业链地图，郯城县开始建设工业园区，引入产业链企业入园，优化产业布局、聚链成群，化工产业已达百亿级规模，全县30多个化工企业入驻园区，每个企业的生产、物流、能耗、安全预警等数据都可在平台上一目了然，园区的安全风险防控能力和应急指挥效率提升超过50%。

专家评语

陈宇新

上海纽约大学商学部主任、全球杰出商学讲席教授

作为全球引领的世界级工业互联网平台，卡奥斯推动了生态品牌在工业场景的成功应用和普及，已成为生态品牌建设的全球标杆。在此基础上，近年来卡奥斯又更进一步丰富拓展了生态品牌的内涵，以大连接、大数据、大模型的技术体系为支撑，进一步将助力企业数字化转型和培育新质生产力打造为品牌核心优势。

案例二　领航者 钉钉　　　

　　作为国内最大的智能化协同办公和应用开发平台，钉钉拥有海量的用户和千行百业的应用场景。2023年4月，钉钉接入通义大模型，用AI将产品重做一遍，至今已经完成了20多条产品线80多个功能的AI化。2023年8月，钉钉开放了AI PaaS，帮助生态伙伴用AI重塑产品。目前，**钉钉将自身产品和场景向所有大模型厂商开放。通过构建最开放的AI生态，钉钉将与伙伴共同探索大模型应用之路。**

　　钉钉与大模型生态伙伴将以三种模式展开合作与探索：

- 钉钉的IM、文档、音视频等产品的AI能力主要由通义大模型支持。在此基础上，钉钉将结合其他各家大模型的特点，探索不同模型能力在产品和场景中的应用。例如，钉钉正和月之暗面一起，基于大模型的长文本理解和输出能力，探索教育类应用场景。

- 在AI Agent开发方面，钉钉已向大模型生态伙伴开放AI助理（AI Agent）开发平台。开发者在钉钉上创建AI助理时，除了默认的通义大模型外，还可以依据自身需求，选择不同厂商的大模型。

- 针对客户的个性化场景和需求，钉钉将与大模型厂商一起，为客户定制相应的智能化解决方案，并提供模型训练调优、AI解决方案打造、AI定制应用开发等服务，还可实现模型的私有化部署。

　　除此之外，**钉钉还与生态伙伴展开了套件合作模式**。目前，钉钉生态伙伴总数超过5600家；其中AI生态伙伴已经超过100家，除了AI大模型生态伙伴外，还有AI Agent产品、AI解决方案、AI插件等不同领域的伙伴。钉钉AI每天调用量超1000万次。2024年1月，钉钉发布了AI助理（AI Agent）；截至5月底，钉钉上创建的AI助理总数约50万个。2024年4月，钉钉正式上线AI助理市场（AI Agent Store），覆盖企业服务、行业应用、效率工具、财税法务、教育学习、生活娱乐等类目，截至5月底，上架的AI助理数量已超700个。

钉钉生态中的众多ISV正在积极拥抱AI，例如客户服务类SaaS售后宝，采用API inside模式，将钉钉AI助理能力内嵌于自身的应用之中，打造"AI客服助理"，为客户提供自然语言问答、数据分析等功能和服务。同时，原生AI应用也陆续加入钉钉生态，AI图像生成应用"悠船"已于2024年6月初上架钉钉开放平台。过去一年中，钉钉和生态伙伴深度集成的套件产品取得飞速发展。**套件产品**

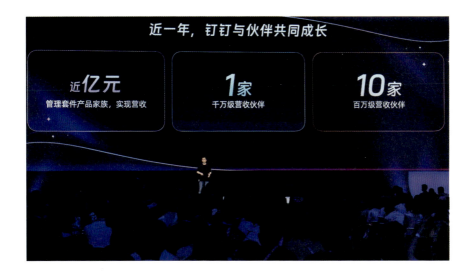

将生态伙伴的功能集成进钉钉自身产品中，为客户提供统一无缝的使用体验。截至2024年5月底，钉钉套件的生态伙伴共计22家，近一年实现营收近1亿元。其中，探迹与钉钉合作的"钉钉客户管理"套件营收超千万元；Moka、e签宝、用友畅捷通、蓝凌、北极星、鸿欢等共计11家生态伙伴套件产品的营收分别超过百万级。

专家评语

刘 学

北京大学光华管理学院组织与战略管理系教授

彼得·德鲁克认为，企业必须必备两种基本职能，即营销和创新。营销方面，钉钉贴近市场需求，并针对不同层级用户制定不同的解决方案，覆盖了全部一级行业；创新方面，钉钉紧跟AI智能化发展趋势，并迅速响应重塑服务模型，取得卓越的成效。

专家评语

陆 定 光

法国里昂商学院市场营销学教授、法国里昂商学院欧亚品牌管理中心主任

钉钉构建了开放共享的生态系统，并采用动态视角不断引入新的生态伙伴以扩展生态系统，为提供更加丰富的整体解决方案和体验创造了可能。同时，钉钉的生态系统帮助生态伙伴全面提升能力，进一步共同创造更大的价值。

案例三　突破者 万华化学　

在追求效率的时代，模压托盘作为货物搬运和存储的基础工具，其性能直接关系到物流效率和成本。万华化学立足于可持续发展，创新的MDI模压托盘解决方案以其卓越的品质和环保理念，为物流行业带来了革命性的变化。

- **低碳回收，构建循环经济：** MDI模压托盘使用废弃木材、植物纤维、农林三剩物作为原材料，减少木材砍伐；废旧托盘可打碎回收制新，助力绿色循环进程。此外，一个动载2~3吨的MDI模压托盘在生命周期内单次使用碳排放不足1千克，相对传统模压托盘减碳50%以上。

- **性能优异，直击行业痛点：** MDI模压托盘强度高，不易损坏，兼具优异的防水性能。即使在低温环境中也保持优秀的抗开裂性能，不惧冷热交替。并且MDI模压托盘经过高温高压成型，出口免熏蒸，有效避免开裂、变形和霉变等问题。

- **绿色无醛，保障职业健康：** MDI胶不含甲醛，在生产过程中减少了甲醛对工人的危害，保证了工人的职业健康，终端客户在储存及使用时也不用担心甲醛释放问题。

- **降本增效，助力高效运转：** MDI模压托盘原料粘接强度高，施胶量极低，能有效控制原料成本，经济效益更高；同时可实现物品包装的标准化、规范化，减少仓储空间，提高运输效率。

- **制造便捷，赋能产业升级：** MDI模压托盘凭借热压时间更短的特点，助力行业生产效率提高50%以上。并且MDI施胶刨花流动性更好，不团聚不易结块，铺装过程更加均匀，可改善托盘脚质量。此外，MDI胶对原料刨花的含水率要求降低，大幅度减少烘干耗能。

专 家 评 语

王幸

凯度集团大中华区CEO暨凯度BrandZ全球主席

万华化学创新的MDI模压托盘，以低碳循环、性能卓越、绿色无醛、降本增效及制造便捷等特点，为行业带来环保与效益双赢的革命性变化。

案例四　**突破者 康师傅**　　　　康师傅

作为食品行业龙头企业，康师傅通过其ESG项目"万物皆有yuán"，以创新绿色的生产方式寻解题之道，致力于保护上游生态环境，同时**赋能全产业链，为行业的可持续发展开辟了新的思路。**

康师傅先后在河北康巴诺尔、陕西神木、新疆喀什等地区建立"环境友好蔬菜基地"，持续利用自身技术和规模优势，**历时多年与高校合作开展"农作物主动保障体系"研究，探索惠及"三农"的新模式，致力于打造"企业+基地+农户"的产业链模式**。此外，康师傅联合生态伙伴积极引入智慧农业技术，守护绿色生态。采用"AI自动化农业"运作模式，在蔬菜种植、收割、加工的全过程中，实现蔬菜全程不落地。还创新使用了可降解地膜技术，废弃的一次性地膜在埋入土地数个月后，能够完全自然降解为有机质，对环境零污染。这一系列举措，在实现环境友好的同时，从源头确保了产品的安全与品质。

除了技术加持，康师傅通过**对农户进行专业化辅导，打造全新生态农业，提高种植效率和农民收益**。康师傅每年采购农产品数百万吨，直接带动逾4000万农民从中受益。

为了更好地赋能产业链，康师傅**运用数智化工厂等项目**，有效提升能源效率，减少碳排放；还积极优化包装材料，减少塑料使用，并开展了碳抵消实践，在产业链中寻找碳中和解决方案。**康师傅与海洋生态治理伙伴合作**，推出基于海洋场景的低碳化无标签包装饮用水，串联了为渔民出海作业提供海上生活补给，对海上捡拾/废弃的饮料瓶回收、回用，华丽变身更多高附加值产品等一系列链路，**助力打造人海和谐的海洋生态环境。康师傅将供应端、生产端与消费端以"缘"相连，连接绿色和健康，连接美好食物与千千万万人的美好生活。**

专家评语

陈宇新

上海纽约大学商学部主任、全球杰出商学讲席教授

康师傅灵活运用技术手段，与产业链上下游生态伙伴协作，倡导和推动了生态环保和绿色低碳的理念与实践，同时为农民带来了实际的增益，真正实现了多方共赢。展望未来，康师傅可以与用户、生态伙伴在产品开发、健康生活方式、民族品牌提升等方面进一步共创共享共赢。

案例五　突破者 德力西电气

　　德力西电气将可持续发展战略融入生态品牌建设，围绕"以人为本、促碳中和、建绿色生态圈"的"净零"路径，覆盖"绿色零碳+智能制造"全场景构建零碳工厂，围绕绿色设计、绿色制造、绿色服务等多维度推进绿色变革；同时发挥了其自身影响力，打造绿色供应商零碳项目、绿色回收体系等，将绿色理念贯穿产品生命全周期，在研发过程中充分考虑产品的使用寿命、安全保障、报废与回收再利用的全过程，有效管理生产环节，做到能源消耗最小化，　实现**从上游供应商到内部运营再到下游客户，全链路拓展绿色合作模式，携手产业链生态圈共同实现绿色可持续发展。**

同时，德力西电气洞察市场需求，聚焦产品与服务，全方面提升供应链整体水平，成立了行业首家新质生产力创新研究院，通过创新绿色产品与解决方案，探索企业生产力转型升级的新目标和新模式，形成生态圈上下游紧密合作、产业链价值链融通新格局，打造**与用户、生态伙伴兼容并蓄的全新企业生态。**

连续四年荣获"中国杰出雇主"的德力西电气，除了对内持续赋能之外，也在不断满足用户体验的价值基础上，实现与生态伙伴、客户的增值分享，实现价值的无限循环。故而，德力西电气举办线上学习平台——德力西电气学苑，提供面向新能源、新基建、5G通讯电源、光伏储能等行业的最新产品和解决方案，以便生态伙伴更

深入地了解相关信息。生态伙伴可在平台自主挑选课程，免费学习。平台还定期组织如电工技能大赛、线下学习会等活动，从技能、专业知识**全方位提升生态伙伴能力，实现与生态伙伴共赢。**

专家评语

陈宇新

上海纽约大学商学部主任、全球杰出商学讲席教授

德力西电气专注于提供高性价比、高效率和高质量的产品及服务，创造智能和安全的用电环境。通过打造数字化智能供应链，德力西电气不仅提升了客户体验感，还促进了与客户的共同成长和发展。

案例六　践行者 娃哈哈

娃哈哈构建全供应链数字化生态。经过十多年的积累，娃哈哈拥有一张覆盖近万名经销商、数十万家批发商、数百万家销售终端的"联销体"网络。为了释放数据活力，娃哈哈探索将从经销商到批发商、到销售终端全过程的信息化、营销渠道一体化，积极和科技公司合作，**打造了AIoT智能货柜，构建全国联网的精细化运营系统**。智能货柜实现了陈列商品信息、商品排面、货架占比等**数据的实时获取**；基于云端高精度算法应用，实现了全点位、全时段覆盖的图像分析方案，**有效指导营销策略调整，实现高效运营管理**。此外，AIoT智能货柜还支持多达10000种的商品品类管理，云端数据闭环可实现算法自动迭代。

　　娃哈哈以"技术造血"的形式带动当地产业链发展。2024年初，娃哈哈文成公司获评"2023年浙江省未来工厂"，这是浙江省山区26县跨越式高质量发展的标志性项目之一。娃哈哈将最成熟的产线和技术带到山区，目前已经解决当地近200人的就业，带动地区相关食品加工业、交通运输业、彩印包装业等的发展，辐射带动就业5000人左右。截至2023年，娃哈哈已在全国欠发达的17个省市地区投资87亿元，建立了76家分公司，直接吸纳当地人口就业近13000人，带动相关产业年新增产值100多亿元，极大地促进了各地方经济的发展。

专家评语

王华

法国里昂商学院副校长、亚洲校长、华东师范大学亚欧商学院法方院长

娃哈哈通过"技术造血"的创新模式，将成熟的产线和技术引入山区，不仅直接创造了就业机会，还带动了多个相关产业的发展。娃哈哈巧妙结合了企业发展与区域经济振兴，创造了显著的社会价值，彰显了企业的创新精神和社会责任。

第七章 | 实现生态品牌理想

　　随着全球对环境、社会和治理（ESG）标准的日益重视，生态品牌正通过促进资源和环境的可持续利用，引领经济发展模式的转变。这种转变从传统的内卷竞争和零和博弈，转向了一种合作和共赢的生态经济模式。这不仅促进了社会和经济的和谐共生，也体现了生态品牌在全球化背景下对于社会价值贡献的深刻洞察和积极实践。

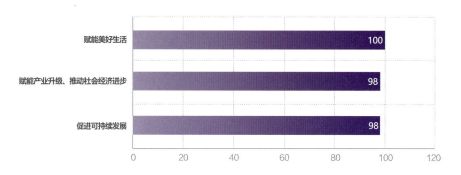

图8　社会价值贡献维度：生态品牌细分属性表现（指数化得分）

　　"社会价值贡献"评估了生态品牌为提升社会的整体价值所做出的贡献。和2023年相比，"赋能美好生活"依然是消费者对生态品牌社会责任最期待的部分。因为在当前充满不确定性的大环境中，消费者更青睐那些能够为日常生活带来切实改变的品牌，相较于那些只宣扬远大目标的品牌，消费者更重视品牌的实际贡献，以及这些贡献对自己日常生活的积极影响。同时，"赋能产业升级、推动社会经济进步"和"促进可持续发展"也同等重要，是推动经济高质量发展的关键因素。

1)生态品牌的社会贡献要落在消费者可知可感的范围，让"美好"触手可及。生态品牌致力于解决社会问题，提升人们的物质和精神文化水平，增进社会的整体福祉。因此，生态品牌的产品、服务和创新应该秉承"以人为本"的理念，致力于让每个消费者都能感受到科技带来的积极影响。

2)生态品牌充分发挥生态网络强联结、共开放的优势，赋能产业升级，推动社会经济进步。在科技和商业向善的双重驱动下，生态品牌采取开放合作和资源共享的策略，打破信息和技术的壁垒，与不同行业的生态伙伴构建了一个开放且动态的网络。通过优势互补和相互赋能，生态品牌不仅促进了自身和生态内其他品牌的高质量发展，还带动了整个产业链的升级，不仅提升了产业竞争力，也促进了经济的可持续发展，实现经济效益与社会责任的双赢。

3)生态品牌在可持续发展上具有前瞻性，是社会可持续发展的风向标。生态品牌的共创共享理念正推动着全产业链的绿色转型。通过自身的绿色发展，生态品牌不仅提升了竞争力，还带动了上下游生态伙伴共同实现低碳转型，积极响应新质生产力对"高效能、高质量"的追求。生态品牌的可持续实践不仅助力"双碳"目标实现，也彰显了生态品牌在促进人与自然和谐共生进程中的重要作用。

案例一 领航者 京东方 **BOE**

作为全球半导体显示产业龙头与领先的物联网创新企业，**京东方始终坚持Green+、Innovation+、Community+可持续发展理念**，不仅充分发挥自身优势，让专利成果更广泛地惠及社会大众，更携手全球生态伙伴构建"Powered by BOE"的产业价值创新生态，从而推动自身与生态伙伴共同实现可持续发展的重任。

环境方面，京东方坚持"科技创新+绿色发展"，基于产业布局和未来发展规划，设立"双碳目标"和六大行动路径，承诺到2050年实现自身运营碳中和目标。2023年京东方全球合作伙伴大会期间重磅发布《迈向碳中和之路：京东方显示低碳报告》，推动4家试点工厂加入科学碳目标倡议组织（SBTi），做出将全球平均气温较工业化前上升幅度低于1.5℃的科学碳目标承诺。截至2023年，京东方已经有16家工厂荣获"国家级绿色工厂"称号，完成18款产品碳足迹评估核查报告。

公益方面，京东方持续关注社区公益发展与乡村振兴事业，其中"照亮成长路"教育公益项目已覆盖全国7大省市地区的100余所偏远地区校园，为超6万名师生提供软硬融合的智慧教育解决方案和教师赋能计划，进一步推动偏远地区教育水平的数字化升级。同时，京东方还与故宫博物院启动了"百堂故宫传统文化公益课"计划，用数字化形式展现传统文化历久弥新的独特魅力。

依托智慧医工业务，京东方各医院开展义诊、健康讲座等形式多样的医疗普惠公益活动。2023年累计开展义诊1013场次，惠及超17万人次，持续助力社会健康事业发展。京东方还积极开展"熊猫走天下、生态进万家"等一系列"跑团"活动助力乡村振兴。2023年京东方乡村振兴支出约803.56万元，累计实现助农扶农超4000万元，帮扶农户500余户，为长期积累可复制的、有特色的乡村振兴积累实践经验。

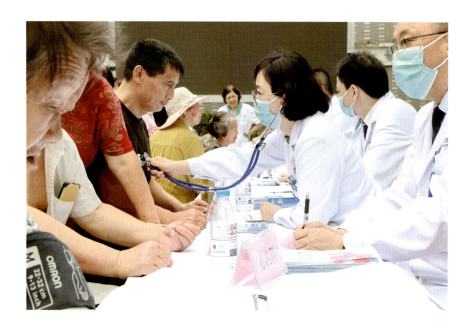

专家评语

于保平

复旦大学管理学院商业知识发展与传播中心主任

京东方以科技创新为用户提供一体化、个性化的场景体验，构建产业的协同生态；坚持"科技创新+绿色发展"，推动了社区公益发展与乡村振兴事业。这些实践体现了京东方作为生态品牌的影响力和责任感，推动经济和社会向更高层次发展。

案例二 领航者 特斯拉 ᴛᴇꜱʟᴀ

特斯拉的使命是**"加速世界向可持续能源的转变"**，其售出的每一件产品都能帮助客户减少碳排放。2023年，特斯拉的客户共实现二氧化碳当量减排超过2000万吨。

特斯拉致力于**最小化环境足迹，包括从原材料开采到产品使用和处置的完整生命周期。**

● 负责任的开采：致力于以负责任的方式采购原材料。

● 水和废弃物：制造每辆车的用水量低于行业平均水平，2023年回收利用了90%的制造废弃物。

● 电动车效率：致力于制造路面上效率最高的车辆，每行驶一英里所需的电量更少，从而节约能源、成本和时间。

● 电池性能：电池在行驶20万英里（美国车辆的平均寿命）后性能仅下降15%。

与燃油车不同，电动车的制造和使用有可能实现完全脱碳。特斯拉的目标是所有工厂都实现碳中和，因此特斯拉建造的每一座新工厂都比上一座更好、可持续性更高。**与弗里蒙特工厂相比，上海超级工厂生产每辆车的能耗低了35%；2023年，柏林超级工厂的全部电力来自可再生能源；在内华达超级工厂，接近一半的暖通空调由智能系统控制运行。**

特斯拉的超级充电网络是迄今全球规模最大的快速充电网络。2023年，该全球充电网络的正常可用率达到99.97%，并通过本地化资源和年度可再生能源匹配，100%使用可再生能源产生的电力提供充电服务。

案例三　突破者 中粮

作为立足中国的国际大粮商，中粮坚持强化全球农粮资源配置，优化全产业链，**与国际社会共同打造稳定、安全、顺畅、高效的农粮产品供应体系，携手应对粮食生产与供给不平衡、气候变化等全球性难题。**

中粮着眼于**打通全球最具增长潜质的粮食主产区和消费增长最快的主销区的供需通道**，有重点地布局南美、北美及黑海等"一带一路"沿线国家和地区的**重要产粮区、关键物流节点的仓储、物流和加工设施**，高效促进谷物、油脂、食糖、棉花、肉类、乳品等**大宗农产品在全球的生产、加工、流动与销售**。目前，中粮已建立起链接140多个国家和地区的全球运营网络，在巴西桑托斯、阿根廷罗萨里奥、美国圣路易斯、罗马尼亚斯坦察等全球重要粮食出口和

内陆物流节点建立中转基地；拥有包括200艘船舶的大型现代化海运团队，同时加强与食品企业、港航企业间的合作，全年7×24小时将北美的小麦、南美的大豆和糖、黑海的玉米和葵花籽等优质农产品运往东南亚、欧洲、中东等核心主销区，搭建起横跨东西半球的粮食走廊；在美洲、欧洲和亚洲等粮食主产区和主销区投资兴建100余个加工厂，在最短的时间用最合适的方式将其转化为食品企业与养殖户所需的原材料和消费者餐桌上的食品。

当前，中粮在国际市场上对大豆、玉米、小麦、食用油、食糖、棉花等重要农产品具备了一定的资源配置能力，**成为维护全球粮食供应链稳定的重要力量。**

专家评语

陈宇新

上海纽约大学商学部主任、全球杰出商学讲席教授

作为立足中国的国际大粮商，中粮的生态品牌建设具有海内外全覆盖、上下游一体化的特色和优势。中粮取得了引人瞩目的商业成功，保障了国家粮食安全，也为全球生态伙伴创造了巨大的价值。将共建"一带一路"与生态品牌建设相结合，是中粮生态品牌建设的一个独特创新探索。相信中粮的成功实践将为致力于实现生态品牌转型的企业提供具有全球视角的借鉴。

案例四　**突破者 盈康一生**

在"健康中国"战略的指引下，盈康一生推出了智慧健康城市全生命周期管理数智方案，深度整合了免疫规划、城市血液管理、老年人健康管理及妇幼保健管理等关键领域，旨在构建一个覆盖"孕生幼长康护养"全生命周期的数智公卫生态服务平台。**这不仅重塑了从城市到社区、家庭的医疗服务模式，还通过高效互联协同和全流程科学决策，助力城市实现精准诊疗监管。**

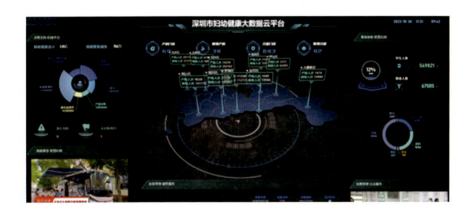

在疫苗管理上，盈康一生通过"一屏统管"的智慧疫苗城市网，实现了从城市智慧疫苗网到城市免疫规划智慧AI大脑的跃迁。盈康一生通过**构建"设备+平台+服务"体系，实现了接种零差错、温度零断点、全程可追溯。**目前，盈康一生已在全国构建2万多家数字化门诊，服务5亿多居民，被评为工信部疫苗大数据产业发展试点示范。

在血液管理上，盈康一生创新打造了一网协同的智慧血液城市网，实现了城市稀缺资源更合理的管理与调配，更重要的是创立了城市从应急到预判的科学治理模式，有效解决了供需失衡和短保质期带来的挑战。其基于无线射频技术的血液安全全流程解决方案，**确保血液可批量交接、高效零误差，全过程可溯、信息无断点，提高了血液配送的效率和准确性。**

　　在老年人健康管理方面，盈康一生推出了智慧老年人健康管理解决方案，让老年人等重点群体享受到均等化、高质量的基本公共卫生服务和医疗服务，积极促进健康城市建设，服务居民健康最后一公里，通过数字化公卫体检、家庭医生签约随访等创新服务，为老年人提供全方位的照护和医疗服务。与内蒙古自治区呼和浩特市新城区的合作，更是打造了智慧医养指挥调度平台示范样板，为当地老年人群体提供了**便捷、高效的"享老"服务。**

专家评语

陈宇新

上海纽约大学商学部主任、全球杰出商学讲席教授

盈康一生的生态品牌战略体现了"大健康"和"一生盈康"的特点。"大"体现在了其生态圈的广度和深度，"一生"体现在了其生态圈对"孕生幼长康护养"全生命周期的覆盖。盈康一生的生态品牌建设成功经验，为大健康产业发展的不同领域提供了启示和借鉴意义。

案例五 突破者 米其林

在"一切皆可持续"的愿景指引下，米其林正积极打造可持续生态圈，包括推动可持续业务的持续增长、研发绿色的轮胎产品和智能化服务、积极参与和主导与可持续相关的合作以及持续升级绿色智能工厂。**米其林通过创新思维和行为方式的转变以及广泛的合作，为企业赢得更广阔的绿色发展空间。**

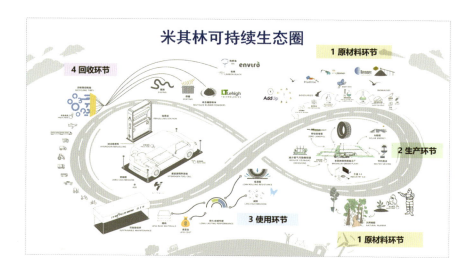

米其林在华三家工厂（沈阳工厂、上海闵行工厂和宝山工厂）**持续推进光伏项目，购买绿色电力，加快能源结构转型，同时不断提升智能制造和数字化水平**。沈阳工厂在2022年进行了"水上生态浮岛"等生物多样性系统的建设。宝山工厂目前已经实现碳中和。上海工厂在2021年被评为上海市绿色工厂，2023年被评为上海市智能

工厂，同年获评国家级智能制造示范工厂。从2022年起，米其林在华三家工厂及米其林中国总部已经100%使用可再生能源。

　　2023年，米其林中国提出了**全新的企业社会责任战略"SEED"，着眼于"安全、环境、平等"三大领域的发展**。米其林鼓励每位员工自主提出践行企业社会责任的方案，在企业核心优势和集体智慧的加持下，以创新、规模化、可持续的方式来帮助解决社会问题，也让员工在工作中传递积极的社会影响力。2023年SEED战略成功孵化了"2023米其林中国道路安全项目""轮胎上的农田生态与粮食安全项目""云南心理学青年培训项目""马夫夫苹果食谱书项目"和"米其林中国净滩计划"等CSR项目。

陆定光

法国里昂商学院市场营销学教授、法国里昂商学院欧亚品牌管理中心主任

米其林不仅自身在社会和环境的可持续性方面做出显著贡献，同时也激励并赋能生态系统中的生态伙伴，共同为实现可持续发展目标做出积极贡献。这种战略和模式不仅提升了米其林自身的市场竞争力，也为行业树立了新的标杆。

案例六　**突破者 太平洋保险**　

中国太保在绿色金融、社会公益和乡村振兴等方面持续发力，持续为社会创造价值。

在绿色金融方面，中国太保**创新绿色保险**，提供绿色保险保额约109.2万亿元，创新开发碳资产回购履约保证保险等27款行业首单产品；**推动绿色投资**，聚焦节能环保、清洁生产、清洁能源等领域，推动实现绿色投资稳步增长，绿色投资总额超2000亿元；**践行绿色运营**，发布太保碳普惠平台，应用"互联网+大数据+碳金融"技术，构建客户的碳账户，搭建具有保险特色的低碳场景，并实现客户减碳激励，有效引导客户绿色低碳理念，截至2023年12月底，开户用户超25万。

在社会公益方面，中国太保**勇担责任，坚守回馈社会的初心，践行公益长期主义**。太保蓝公益基金会关注一老一小：针对老人认知障碍，开展领航计划，完成10万人公益早筛；打造"蓝芯计划"，开设培训班47个，培训2374人次，助力养老及公益人才能力建设。呵护关爱"星星的孩子"，启动书画梦想千人公益培养计划；举办"星光璀璨，书画未来"梦想书画公益展，收集全国28个省市的千余幅孩子作品；在全国捐建60多所希望小学、连续17年开展"责任照亮未来"希望小学特色活动，携手中国排协等专业伙伴，**设立小排球教培基地、开展小排球夏令营**，探索"保险+公益+体育"，向青少年群体宣扬体育精神，推广排球文化。

　　在助力乡村振兴方面，中国太保通过**医疗帮扶**，推动"健康中国"战略在农村落地，在乡村偏远地区推进大病保险、长护险等政保项目，助力解决农民因病致贫、因病返贫问题，并推动惠民保项目深入农村；通过**驻村帮扶**，中国太保分支机构牵头成立实施乡村振兴战略领导小组，定期前往定点帮扶村开展调研慰问；通过**消费帮扶**，借助工会福利、食堂定向采购、带货直播、产品包销、员工自购等方式解决农产品滞销问题，实现农民持续增收，巩固脱贫成果。

案例七 **突破者 安踏**

　　为响应"双碳"目标的号召，实现"碳达峰、碳中和"，同时也源于安踏对绿色低碳理念的认同和承诺，安踏集团开设了"AN-TAZERO安踏0碳使命店"，以履行企业社会责任。通过这一创新项目，安踏不仅将品牌的可持续发展战略从幕后推向台前，向消费者直观展示了其在环保和社会责任方面的努力，还展现了作为大型鞋服制造企业的带头作用，以及对未来零售业的深度思考。

　　在上海开设的ANTAZERO安踏0碳使命店是中国鞋服行业首家由权威机构认证的碳中和店铺。从店铺设计到日常运营，安踏全面贯彻可持续理念。店铺使用剩余库存面料制作装饰，同时采用环保建材和陈列器架，并优化能源使用。安踏还遵循PAS2060规范，对店铺全生命周期进行碳足迹核查和计算，展现了品牌对环保的深度承诺。

　　这家ANTAZERO安踏0碳使命店不仅集中展示了安踏的可持续

产品系列，如使用环保材料的"空气甲"夹克和"马赫4代"跑鞋，还设置了可持续概念艺术装置区、产品再造工坊和可持续主题阅读区，以提升消费者的参与度。这种全方位的体验设计，让ANTAZERO安踏0碳使命店成为安踏ESG战略的有力展示窗口。

通过ANTAZERO安踏0碳使命店项目的创新、多元体验的零售店铺，安踏与当地消费者、社区居民和关注低碳生活方式的受众建立了更深层次的联系，同时与更多生态伙伴共同探索出可持续的商业模式。安踏不仅展示了自身在可持续发展领域的创新能力，也为整个行业的绿色转型提供了实践样例。这一项目为安踏实现2050年碳中和的长期目标奠定了基础，彰显了中国品牌在全球可持续发展中的责任担当。

专家评语

刘 学

北京大学光华管理学院组织与战略管理系教授

相对于打造购物场所，安踏更关注打造消费体验场所，并且在其中融入科技、环保与人文元素。ANTAZERO安踏0碳使命店与追求可持续生活方式的用户形成了共鸣，同时也推动了行业对绿色商业模式的探索。

案例八　突破者 立邦中国

立邦中国隶属于新加坡立时集团，是较早进入中国市场的跨国涂料企业之一。以"刷新美好生活空间"为企业使命，立邦一直致力于提供高质量的创新产品和服务，来满足中国工业和城市的快速发展，以及人们对美好生活的需求。

自1992年，将立邦首款乳胶漆带入中国并实现本地化研发和投产以来，立邦的业务范围已涵盖装饰涂料、建筑涂料、工业涂料、汽车涂料、船舶涂料、厨卫底材、防护涂料、卷材涂料、粉末涂料和辅材等多个领域。在建筑领域，立邦以场景化思维洞察市场需求，推出**工程全场景涂装集成解决方案**，覆盖商品房、政策性住房、工业厂房、医院、学校、建筑更新等城市建设的多种场景。立邦以创新为驱动，不断优化产品和服务体系，提升场景的适配性，更链接生态伙伴，共建优质的涂装生态。

　　立邦工程全场景涂装集成解决方案聚焦**场景集成**和**服务集成**，以客户为中心，贯穿市场、研发、生产、销售、服务全流程，根据不同场景，覆盖建筑各个建造阶段，提供从底到面、从内到外、从顶到地的全场景、全空间、全体系产品解决方案，并从咨询、设计到材料、施工、验收提供一站式交付解决方案。立邦不断聚焦市场和客户需求，**为商品房、政策性住房、建筑更新、工业、市政交通、医院及教育等领域提供专业的涂装集成解决方案**，并在具体细分的场景需求中不断交互和迭代，依据客户的流程、组织和管理体系建设需求，**端到端地为客户提供服务**，并倡导**好设计+好产品+好工人+好工具+好管理的"五好模式"**，以**客户需求+技术创新**双轮驱动引领品质，培养高技能、专业性强的新一代产业工人，通过数智化工具的应用，对工程项目的全生命周期进行数智化、可视化管理，并与生态伙伴构建紧密合作关系，共同推进高品质的建筑涂装工程项目交付。

　　立邦凭借强大的产品创新力和服务力，已连续13年蝉联房建供应链企业综合实力TOP500工程涂料全品类首选供应商榜首，并连续2年摘获精装住宅项目类、商业及酒店办公项目类、医建项目类以及城市更新与改造项目类涂装应用四大场景类榜单桂冠，蝉联场景落地首选品牌第一。立邦期待携手更多生态好伙伴，应用新技术，提供新服务，塑造新体验，共建新生态。

专家评语

陆定光

法国里昂商学院市场营销学教授、法国里昂商学院欧亚品牌管理中心主任

立邦始终围绕客户、生态伙伴和社会，同坚守品牌的长期主义，以创新驱动可持续发展，实现了企业与中国市场同频共振、互赢共生的局面。

案例九　**突破者　中信银行**　

中信银行"幸福+"养老金融

作为国内最早推出年长客户专属金融服务的商业银行之一，中信银行**围绕客户全生命周期的养老需求**，搭建了"幸福+"养老金融服务体系，构建起"一个账户、一套产品、一个账本、一套服务、一支队伍、一个平台"六大养老业务支撑，打造行业首支养老金融规划师人才队伍和首个养老一站式服务平台。

中信银行**坚持体系先行**，持续完善"幸福+"养老金融服务体系的六大支撑。借助中信集团在养老金融全牌照方面的优势，中信金控成立了养老金融工作室，协同联动提升客户养老金融服务。中信银行**坚持理念迭代**，基于对长寿化、老龄化时代背景的洞察，提出了"做自己人生的CFO"的价值主张，首创"平衡收支、预防风险、规划养老、资产增值"四步财务规划法，实现资产配置方法论的迭代，并应用于客户经理作业流程，为客户提供全生命周期的财务规划。中信银行**坚持科技创新**，不断加强对养老金融工具的优化升级，对年轻客群，首创"一张健康的资产负债表"，通过手机银行App引导年轻人平衡收支、攒好养老第一桶金。上线半年时间，用户数突破200万户；对中生代客群，创新推出"一本科学的养老账本"，实现养老全资产管理和一站式养老规划，并支持退休后养老资金领取测算，累计用户超过420万户；对银发客群，打造"幸福+俱乐部"线上平台，围绕财富、健康、传承、学院、优惠、舞台六大板块，全面满足年长客户金融+非金融需求。

未来，中信银行将持续发力于养老财富管理、养老政策支持和养老产业服务，满足居民综合性养老金融与非金融需求，**构建"财富、健康、医养、长寿"的养老金融服务闭环，为长寿时代的居民提供高质量且有温度的"生活型养老"金融服务。**

中信银行"绿·信·汇"低碳生态平台

为助力实现"双碳"目标，助力完善城市碳普惠建设机制，自2022年起，中信银行率先推进绿色金融创新实践，推出国内首个银行个人碳减排账户———"中信碳账户"，上线两年来持续迭代升级，目前已支持全民开户，**累计实现13个金融场景和低碳消费场景的碳减排量核算，积极引导社会公众的绿色消费转型，用户规模已突破1500万，累计碳减排量超过9万吨。**

中信银行以"中信碳账户"为载体，发挥外部协同效应，搭建"绿·信·汇"低碳生态平台，现入驻成员已达20余家，覆盖了绿色金融、绿色能源、绿色出行、绿色回收、绿色阅读、绿色零售等消费生活场景，让绿色低碳生活方式融入广大消费者日常生活。中信银行携手"绿·信·汇"低碳生态伙伴，围绕城市碳普惠机制建设进一步推出创新举措，其中，与中国银联创新合作，打通了"中信碳账户"与中国银联"低碳计划"服务，首次实现金融业碳账户的互通、互认，为广大用户提供更加多元的绿色低碳消费体验。此外，中信银行联合鞍钢集团资本控股有限公司，推出钢铁行业首个员工碳账户服务平台，鼓励企业员工积极践行低碳减排，推动绿色低碳广泛融入民众生活。

中信银行携手"绿·信·汇"低碳生态伙伴，推出绿色消费体系，包括"绿色消费标准指南""绿色消费活动""绿色消费品牌商户"，为**用户提供通俗易懂的绿色消费鉴别指南，帮助用户降低绿色消费门槛，获得可靠、实用的绿色消费信息，推动绿色低碳生活方式进一步融入广大用户的日常生活。**

专家评语

刘 学

北京大学光华管理学院组织与战略管理系教授

绿色经济和银发经济是未来发展的两大重要主题。中信银行在绿色金融领域做出了突出的成果，体现了对国家绿色发展战略的坚定支持。在养老需求方面，中信银行则围绕客户全生命周期的养老需求提出规划，构建了服务平台和服务团队，体现了企业对社会的责任担当。

案例十 践行者 OATLY

OATLY致力于推动整个社会在膳食结构方面系统性的提升，**引领人们转向对个人身心和地球环境可持续发展有利的植物基饮食，让人们可以轻松地吃得更好，同时减轻对地球资源的负担。**

洞察全球普遍的乳糖不耐问题、营养过剩时代的均衡膳食需求，以及环境危机痛点，OATLY依托近30年打磨的燕麦奶生产加工工艺，为消费者打造乳糖不耐友好、美味环保、高品质的营养新选择。

自进入中国以来，OATLY展现了自身作为燕麦奶行业先导品牌极强的品类意识与市场开拓精神，携手生态伙伴共同建立了新植物基品类，并推动品类成长。

2018—2023年，OATLY在中国市场出售的燕麦奶可以制作约十亿杯燕麦拿铁。从最初的"隐藏单品"，到如今融入中国咖啡消费日常，燕麦拿铁在中国市场得到广泛普及。在中国，OATLY先后进入了超过10万家的咖啡馆，实现全层级咖啡馆覆盖。**以燕麦拿铁为桥梁，携手生态伙伴，以趣味方式激发消费者的对健康、环保的热情。**

同时，OATLY建立本土化生产体系，包括工厂、中试车间及创新研发中心，将全球领先技术落地中国，**在提升自身基于消费需求的适应灵活性的同时，加速燕麦奶产业链的升级与转型。**

　　可持续发展理念贯穿于OATLY整个供应链和生产流程。中国工厂自2022年开始使用100%可再生电力，大幅削减生产环节的碳排放。目前，OATLY中国工厂生产的一升装咖啡大师燕麦奶每千克产生的气候足迹仅为0.60千克二氧化碳当量，在行业中表现卓越。OATLY同时也发起"无声咖啡师计划"，不仅为有志成为咖啡师的听障青年提供培训和就业支持，还加强OATLY价值链的多元性，并为消费者提供更加包容和多样化的体验。

于保平

复旦大学管理学院商业知识发展与传播中心主任

OATLY致力于推动社会在膳食结构方面系统性的提升，通过其产品和服务，引领人们转向有利于个人健康和环境可持续发展的植物基饮食，从而赋能用户美好生活。同时，OATLY推出的"无声咖啡师计划"，增强了价值链的多元性和包容性，创造了新的消费体验和社会价值。

ECOSYSTEM BRAND
EVALUATION
生态品牌认证

PART

第四部分

04

未来之翼

第八章 | 笃行致远，为发展新质生产力蓄势赋能

　　时代的浪潮翻涌不息，生态品牌勇立潮头，率先构筑起引领前行的航船，扬帆起航；通过赋能生态系统内的每一个参与者，助力生态各方参与方挖掘并实现自我价值，共绘繁荣图景。尤为关键的是，生态品牌将生态理念深植于商业实践与社会发展的每一个角落，以其前瞻性的视野启迪并引领生态各方共筑愿景，携手并进，在共创共享中实现长期而深远的经济价值与社会价值。生态品牌能够真正将企业的硬实力和软实力，转化为品牌长期稳定增长的"巧"实力。

　　我们邀请了香港创业创新研究院联合创始人及院长、北京大学光华管理学院管理实践教授**曹仰锋**博士，牛津大学赛德商学院教研副院长**安德鲁·史蒂芬**教授，以及牛津大学赛德商学院市场营销学副教授、"未来营销倡议组织"研究学者**费利佩·托马斯**教授，探讨了在新科技层出不穷和全球化曲折前行的背景下，生态品牌、生态企业、生态经济的发展前景。

曹仰锋

香港创业创新研究院联合创始人及院长、
北京大学光华管理学院管理实践教授

作为企业战略转型和组织变革研究的专家，香港创业创新研究院联合创始人及院长、北京大学光华管理学院管理实践教授**曹仰锋**博士，向财经作家、数字产业资深观察家、品牌专家**胡喆**老师分享了关于生态战略和生态品牌范式的最新实践和思考。

胡喆：今年是生态品牌概念提出的第七个年头，请您简要回答下生态品牌创立与发展的历程。

曹仰锋：在海尔集团创始人张瑞敏于2018年率先提出"生态品牌"概念的时候，我就意识到，**生态品牌不是传统意义上狭义的"品牌"概念，而是企业的一种整体战略转型，我把生态品牌背后的战略模式称之为"黑海战略"，也就是说生态品牌是时刻和实践相通的、不断延展的概念。**

经过这些年众多生态企业的实践，"生态品牌"在创建概念时的初衷并没有改变，而是进一步强化了。

它最早被提出来的背景，其实是为了解决一个问题，就是很多行业会越来越陷入存量竞争。在这种情况下，要做深用户，以此做优量市场；开拓场景，以此做大增量市场。而场景一旦开拓了，单一企业就无法独自满足用户持续变化的多元需求，需要有更多企业来为用户共创更好的解决方案，这就有了建设生态系统的必要。

以上，是对生态品牌起源的一点回顾。从当下的经济社会发展趋势来看，这里面的核心立意和指导价值，特别是"做深用户、拓展场景、共建生态"的"三步走"方法，已经被入选"生态品牌认证"榜单的企业实践所证明了，理论体系也更加丰满了。

胡喆：从某种意义上，我们是不是可以认为"生态品牌"是"生态经济"的必要支撑？

曹仰锋：是的，生态品牌绝不只是一个营销层面的"品牌"概念，它在指导企业实践中已经充分发挥了战略价值。

先从企业与用户的视角来看，我们以海尔为例，最早海尔只是提供冰箱、洗衣机等硬件产品，随着用户需求愈发的个性化、多元化，大数据、人工智能等技术飞速发展，海尔构建起"高端品牌—场景品牌—生态品牌"三级品牌体系，为终身用户提供全场景价值和全生命周期价值。

海尔打造了场景品牌三翼鸟，围绕用户对智慧家庭体验的需求，把针对不同家庭生活场景和衣食住娱需求的设备和解决方案整合起来，例如将冰箱升级为智慧厨房解决方案和健康美食解决方案。对消费者来说，有了更多、更好的选择，更健康、更便捷的智慧生活；对于海尔来说，收获了更高的客单价和用户口碑；对于参与到海尔生态中的生态伙伴来说，接触到更广泛的客群和更精准的渠道，提高了收入和利润，这就是很典型的共创共享的生态经济模式。

再从更大的社会经济视角来看，经济发展经历了三个阶段——从产品经济、服务经济到体验经济。

产品经济主要是卖产品，但这个比较容易红海化内卷，所以，就延展出了服务经济，强调服务升级更重要，这就已经进入了蓝海。但现在蓝海市场越来越难找了，刚找到不久就变成红海，那么蓝海还不是终极，打个比喻，海平面是蓝的，往下走就变成黑的。我认为在生态经济时代，企业需要实现从"蓝海战略"向"黑海战略"的"战略跃迁"。我在《黑海战略》一书中写道：黑海战略的核心思想是"倒T型模式"，先做深，后做宽。即先围绕用户体验做深做透，往下扎根，即做深用户、做精市场，然后，**围绕着用户的特定场景构建独特的生态系统，持续为用户迭代更好的体验，形成体验经济。**

黑海战略的使命就是建立生态品牌，而生态品牌的最终目的，是拓展为用户创造价值的空间，即全场景价值和全生命周期价值。这样才能够实现我们经常讲的，把一次性交易用户变成终身用户。当越来越多的企业构建生态和加入生态，就会推动经济发展从内卷竞争、零和博弈转向共创共赢的生态经济。

胡喆：在大多数人的观念里认为，能够建立生态的企业，都应该是各个赛道耕耘多年、非常成熟的巨头企业，比如您常年跟踪研究的苹果、海尔、美团、亚马逊，等等。所以，是不是必须先成为某个领域的巨头，才有创建生态的机会？

曹仰锋：这是一个很好的问题。从传统意义上来讲，的确是行业头部企业更具备建立生态的资源和条件。这些企业总体来说有三个特点：

第一，有用户基础。有了海量用户以后，企业才能够深挖用户场景，吸引更多的生态伙伴加入到生态系统当中，共同为用户提供更全面的解决方案。比如，苹果的App Store就是一个生态系统，为什么这么多App开发者愿意在这个平台上开发应用，因为苹果生态有大量的用户。

第二，无平台，无生态。生态企业要有平台，但这个平台不是交易平台，而是赋能平台。比如，海尔的卡奥斯工业互联网就是典型的赋能平台，海尔将40年积累的用户需求交互能力、智能制造经验、供应链管理能力和数字化转型经验，内生外化为卡奥斯的平台能力，开放给中小企业使用，帮助这些中小企业通过数字化转型实现提质降本增效。再比如美团，也是很典型、很优秀的生态企业。美团不仅是帮C端用户找到更美味、更便宜的餐厅，更通过数字化平台对千千万万的商户进行数字化赋能，提高商户的运营效率和质量。所以，如果没有赋能平台和能力，生态系统是很难建立的。

第三，具备知识、资本、数据的生态连接力。在数字化平台赋能之外，知识、资本、数据赋能也是重要的生态连接力。比如海尔旗下的创业加速平台海创汇，曾帮助一家国外的科技创业公司快速做大。这家公司有很领先的4D毫米波雷达技术，但是在一段时间内没有商业应用场景。海创汇利用海尔的产业资源，为它提供产业协同能力和市场机会。这家创业公司融入海尔生态中，缩短了技术转化周期，提高了解决方案集成能力和商业变现能力，在智慧康养、智慧家居、智慧安防、自动驾驶等领域取得了不俗的发展。

胡喆：那么，生态战略是不是仅仅属于巨头游戏？

曹仰锋：我们要深入理解的是，建立生态是一种思维、一种意识、一种价值观，它和企业的规模有关，但规模不是唯一的标准。**生态企业的核心能力是帮助伙伴的能力——真正的利他、赋能、共赢。**一些年收入几十亿到几百亿的中大型企业，只要它们符合生态企业的核心条件，例如能够给用户持续创造新体验，给生态伙伴带来价值增量，有利他分享的机制，也可以用生态的模式来延展自己的业务。

例如英国的芯片公司ARM，它本身不生产芯片，也不生产电脑、手机，它没有谷歌、亚马逊那么大的生态，而是构建了一个"小生态"，将芯片架构授权给苹果、高通、三星等巨头，以及车企、物联网企业等，通过生态伙伴的产品和服务为全球很多移动设备提供"大脑"。

所以，**生态系统既有大型、超大型企业构建的"大生态"，也有专注在某些场景的"小生态"。重要的是，在构建生态的过程中，生态企业要明确自己的生态边界是什么，业务范围是什么。**如果不界定清楚，不能打消那些生态伙伴的顾虑，生态伙伴是不愿意加入的。

当然，一些体量更小的企业，比如初创期或者很聚焦的企业，可能更合适成为生态合作者而不是生态构建者。

胡喆：我观察到一个现象是，对于很多企业来说，建立生态有非常强的紧迫性，有的是需要快速将投入转化为产出，有的甚至关乎企业的生死。它们希望在三到五年里做成以往企业三五十年才做

到的事情，您认为这符合规律么？

曹仰锋：的确，在短时间内建立一个生态系统对很多企业来讲是有巨大挑战的。能否成功建设一个繁荣的生态，主要取决于三个方面：

第一，价值识别。企业要想快速联合或者吸引生态伙伴，壮大生态系统，必须要识别企业到底能为哪些生态伙伴赋能，赋能它们的哪些痛点。

第二，价值创造。识别痛点之后，要明确生态系统给用户创造的价值是什么，给生态伙伴创造的价值是什么，需要的关键资源和能力是什么。

第三，价值分配。生态系统创造了增量价值，生态企业和生态伙伴之间要分利，需要合理的利益分配机制。

在价值识别、价值创造和价值分配之间形成闭环，再加上生态系统强大的赋能力，生态系统才有可能实现爆发式增长。像微软、亚马逊，它们的生态伙伴招募和生态系统构建也用了很多年，是一个循序渐进的过程。

此外，生态企业要考虑建设平台和生态的盈利点，尽管平台和生态在短期内不一定实现盈利，但要有清晰的盈利模式，否则长期不盈利的话，生态是不可持续的。

胡喆：目前企业发展大多面临一些内外部挑战，这些挑战可以在建设生态中找到应对之道吗？

曹仰锋：完全可以，生态品牌的提出，其实是为了解决存量时代的零和博弈问题，通过场景的拉动、生态的协作，更好地满足用户需求。

因为生态企业构建的是开放的商业生态系统，特别强调参与者之间的互补属性。所有生态参与方围绕着用户场景共创解决方案，共同分享利益。这些生态参与方是产品互补、资源互补或者技术互补的企业，企业之间由竞争变成共赢关系。

胡喆：非常感谢您的分享，请再用几句话概括一下您对生态范式的研究。

曹仰锋： 第一，生态品牌、生态企业、生态经济、生态战略的理论源于海尔的实践，但它具有普适性。如果一个理论没有普适性，它的推广价值就不大。而海尔率先形成的生态品牌范式，解决了当下很多企业如何进一步经营好存量市场、拓展增量市场、加深用户体验、建立全生命周期用户黏性的问题，具有推广价值。

第二，生态建设者要有充分的用户思维，所有的产品、服务和解决方案一定是以用户需求为中心的。

第三，产品智能化、服务场景化、能力平台化、价值生态化，是构建生态系统重要的四个手段。要想持续满足用户价值，必须将产品智能化作为前提条件。以青岛啤酒为例，原来企业不知道是谁喝了这瓶酒，用户也没办法直接与企业互动，现在青啤通过数字化的手段连接到很多用户，帮助企业分析用户的行为数据，把用户画像做得更好，能够为用户创造更大的价值。

第四，建设生态品牌可以倒逼企业内部的组织变革，从产品型企业转型为生态型企业，从科层制转型为平台分权制。未来的企业组织形式会演变成"大平台＋小团队"，生态企业提供用户交互平台和赋能平台，把经营权、决策权下放给一线团队，内部和外部的小团队在生态平台上共创方案、共享收益。

安德鲁·史蒂芬教授
牛津大学赛德商学院教研副院长

费利佩·托马斯教授
牛津大学赛德商学院市场营销学副教授、
"未来营销倡议组织"研究学者

生态品牌：从概念到实践

　　近年来，我们持续围绕生态品牌理念构建创新的商业模式和管理机制。与此同时，企业也在对生态品牌建设的目标进行**量化评估和基准化对标**。众多企业已经获得或正在积极争取生态品牌的专业认证，而那些**在认证中表现优异的企业，在业务增长和财务上都取得了显著成果**。尽管如此，创建并实现生态品牌的系统性运作仍充满挑战。知易行难，实际践行生态品牌远比声称自己是生态品牌要难得多，但仅停留在口号层面并不能带来真正的改变。本部分将深入探讨如何将生态品牌的构建从概念转化为实践。

　　让我们首先回顾生态品牌打造的五个维度：用户体验交互，开放协同共创，终身用户价值，共赢增值效用，社会价值贡献。**这些**

维度强调生态品牌的领先性和普适性，要求企业建立健全组织架构和管理机制。生态品牌的价值在于开放共享和共同创造，这种合作模式能够为生态各方创造价值，并构建起解决大规模社会性问题的组织。

生态品牌所倡导的是一种动态且持续进化的生态伙伴关系，这种关系允许企业通过资源重组，以应对经济及社会层面的各类挑战。**生态品牌的价值体现在两个方面：一方面，它通过有效利用现有资源并借助创新驱动的潜力，增强生态各方的盈利能力；另一方面，这种合作关系能增强组织的抗风险能力，在大型生态系统中，即便部分生态伙伴遇到困难，也不会动摇整个系统的稳定性**。这种韧性证明，生态品牌所倡导的生态伙伴关系能够在开放多元和倡导创新的同时，有效控制风险，保障生态的持续健康发展。

很多企业都明白"客户导向"的战略重要性，但真正能够贯彻实施的却并不多。生态品牌的构建同样面临着类似的挑战。一些企业可能简单地将客户改称为"生态伙伴"，便自认为已经是生态品牌。在B2B领域，这种情形尤为普遍，企业与客户在产品服务上的紧密合作似乎表明它们正在共同创造价值，这是否就意味着企业已经与客户实现了深度的价值共创？在企业与供应商的关系中，将供应商视为生态伙伴并创造共赢局面，供应商通过合作获得收入，企业获得所需商品或服务，这是否就等同于建立了一个健康的生态品牌？

实际上，生态品牌的构建远不止于此。**上述所提及的属于传统商业关系，或称为咨询式销售，并不等同于生态**。将这类关系误认为生态关系可能会阻碍企业的长期发展，因为这种关系并不能提供超越传统合作的新价值，甚至可能会错失与生态伙伴更深层次的合作和投资机会。我们必须意识到，**生态品牌是一种全新的品牌范式，通过与用户、生态伙伴的联合共创，不断提供无界且持续迭代的整体价值体验，最终实现终身用户及生态各方共赢共生、为社会创造价值循环**。因此，生态品牌的建设关乎于生态伙伴和用户、客户，这绝不仅仅只是概念上的转变，更是对企业发展做出全新要求。

通过重新梳理生态品牌五个构建维度之间的关系，也许可以为生态品牌构建提供更清晰的指引。在这些维度中，**"开放协同共创"与"共赢增值效用"是核心，它们构成了生态品牌的基础**。其中，开放性是生态品牌需要优先考虑的因素，它要求企业设计合理的生态进入与退出机制，并确保新加入的生态伙伴能够迅速获得生态内的资源、人才和能力支持，进而为生态贡献新的价值。**这种开放性来源于企业的"共享精神"，并且与"共赢增值效用"紧密相连**。"共赢增值效用"的实现确保了不同生态伙伴在加入生态时，都能够共同分享成功和增长，实现各方共赢。

企业之所以要追求开放和灵活的生态伙伴关系，因为这些关系能够为品牌带来前所未有的创新想法和信息。**生态伙伴在新市场或需求不明确的市场中为企业探路，为产品开拓新市场。它们利用自身的经验、智慧和客户资源，为企业的产品、服务和工作流程提供宝贵的改进建议。这些贡献将直接影响生态品牌在"用户体验交互"和"终身用户价值"上的表现**。生态品牌构建的初步成效体现在企业能够根据市场和用户需求进行有效的产品改进和优化。随着生态伙伴在客户体验的各个环节中发挥越来越积极的作用（这也正是它们实现自身价值的地方），客户的体验将变得更加高效流畅。这种持续的高质量体验有助于培养忠诚的终身用户，高转换成本也成为企业保持用户粘性的重要因素。此外，**当企业拥有多样且广泛的生态伙伴网络时，它能够为社会带来更多有价值的贡献，实现生态品牌打造所追求的"社会价值贡献"。**

总体而言，生态品牌的核心目标是持续吸引生态伙伴加入其生态系统，通过比传统企业更灵活的运营模式，实现生态各方的价值共创和收益共享。**生态企业通过构建和扩展其生态系统，不仅为自身带来新的收入，更为其客户、所在行业乃至整个生态系统创造价值**。与等级森严的传统管理模式相比，生态范式能够激发出更高的价值。生态范式的实施促使企业摒弃了对生态伙伴可能滥用资源的顾虑。**在生态经济的框架下，生态伙伴的自我驱动力被激发，它们为生态系统带来的价值往往超出企业的预期。**

2023年9月，习近平总书记在黑龙江考察时指出，整合科技创新资源，引领发展战略性新兴产业和未来产业，加快形成新质生产力。[27] 新质生产力由技术革命性突破、生产要素创新性配置、产业深度转型升级而催生，以劳动者、劳动资料、劳动对象及其优化组合的跃升为基本内涵，以全要素生产率大幅提升为核心标志，特点是创新，关键在质优，本质是先进生产力。正如习近平总书记指出的"发展新质生产力是推动高质量发展的内在要求和重要着力点"，产业需建立新型生产关系，并因地制宜发展新质生产力。

新质生产力以其创新驱动和开放融合的特征，引领科技革命新浪潮

新质生产力的出现源于技术颠覆性突破、生产要素创新性配置、产业飞跃性升级。[28] 随着新一轮科技革命的快速迭代升级与突破，科技在生产力构成要素中的主导作用将愈发突出，新质生产力借助最新科技成果运用，推动数字经济和实体经济深度融合，促进数字产业化和产业数字化。[29] 本轮科技革命的许多内容相伴而生，并以融合、交互、集成、破界等方式呈现。如"大数据+""互联网+""人工智能+"等模式，展示了跨领域技术集成与创新应用的力量。这些技术跨越地理界限，实现了开放空间的快速扩张和深度融合，具备快速传播和有机融合的特性。[30]

生态品牌将共同进化作为必要条件，强调生态各方的交互共创和共生共进，这与新质生产力的发展特点高度契合。生态品牌通过构建"数字新基建"，汇集各方资源，实现数智时代要素资源的高效共

享，极大地促进了科学技术的革命性突破，助力培育新质生产力。开放多元是生态品牌的显著特点，通过突破传统的"信息孤岛"和"数据壁垒"，生态品牌开放地吸纳来自不同领域的生态伙伴，通过资源与技术共享开展跨越组织边界的价值交换，实现跨界共创。

新质生产力以其包容普惠和价值共赢的特征，推动科技与产业的深度融合

新质生产力不仅催生了新兴产业，塑造了新产品和新业态，还对传统产业进行高端化、智能化、绿色化改造，为社会经济带来高质量的增长。[31] 同时，新质生产力还引领了生产力要素的转型，实现价值共赢。随着劳动者科技素养提升，社会对高技能人才的需求会随之提高，同时自动化技术减少了重复劳动，为劳动者从事更高层次的创新活动创造了条件。[32]

价值循环作为生态品牌发展的充分条件，要求品牌持续为用户及生态伙伴创造价值、传递价值，是新质生产力普惠共赢的具体体现。生态品牌的"赋能效应"能有效解决行业和企业发展不平衡的问题，通过推动制造业、农业等传统行业实现智能化升级，生态品牌不仅让传统行业享受到智能经济的红利，也为新兴行业提供了更广阔的发展空间。同时，生态品牌为中小企业提供技术、物流、知识赋能，实现行业与企业间的共同进步。生态品牌倡导的协同共创模式，坚持"价值共创"和"价值共享"的原则，通过资源共享和协同创新，实现生态各方的共赢共生。生态经济的发展预示着未来的商业竞争将转向商业生态间的高维竞合，生态品牌在其中扮演着关键角色。

新质生产力以其绿色质优和人本内蕴的特征，开启经济社会的可持续发展新篇章

习近平总书记强调，"绿色发展是高质量发展的底色，新质生产力本身就是绿色生产力"，新质生产力通过将绿色低碳理念、技术、标准和管理融入现代化产业体系，促进产业及产业链的绿色化，引领经济社会实现全面的绿色低碳转型。新质生产力的"质优"不仅体现在绿色低碳上，更体现在其对人的全面发展、创造性和社会责任的重视。通过技术创新和管理创新，新质生产力提高了生产效率，改善了劳动条件，缩短了工作时间，使劳动者能够更多地从事创造性工作。

生态品牌承载着推动可持续发展和提升社会价值的使命，其发展完全契合新质生产力的绿色质优和人本内蕴理念。生态品牌以其前瞻性的可持续发展理念，成为社会可持续发展的风向标。生态品牌通过自身的实践，不仅实现了低碳发展，还推动了上下游全产业链的绿色转型。与此同时，生态经济深刻体现了"人是目的，不是工具"的理念，通过数字化和智能化工具提升劳动者的工作效率和创造力，利用大数据和人工智能技术满足用户的个性化需求。这一过程中，劳动者的创造价值与用户的体验价值实现了和谐统一，促进了人与自然的和谐共生。

新质生产力发展得好不好，说到底要看实效。立足实情，求真务实，真抓实干，才能让各类先进优质生产要素向发展新质生产力顺畅流动，不断塑造发展新动能新优势，促进社会生产力实现新的跃升。[33] 同样地，实效也是生态品牌打造过程的关键，根据实际效果优化调整生态机制，保证生态活力。生态品牌认证通过定量调研、ESG、财务营收数据等量化评估，有效地对生态打造的实效进行监测与追踪。2024年生态品牌认证的定量调研结果显示，上榜品牌能持续满足生态伙伴对生态发展的开放多元、共创共享需求，为生态伙伴持续创造价值。在ESG方面，多数上榜品牌均位列MSCI、S&P Global和路孚特等权威ESG评级的前20%。此外，上榜品牌总营收累计超过9万亿元。这些数字，反映了生态品牌有效地满足了用户和生态伙伴的多元需求，其在ESG评级中的优异表现和财务营收的显著增长，进一步证明了它们在经济领域的强劲活力和对可持续发展承诺的坚定履行。

新质生产力作为推动高质量发展的核心动力，不断引领科技与产业的深度融合，为社会经济的高质量增长注入了强大活力。而生态品牌，作为新质生产力发展的重要载体和展示窗口，正逐步构建起更加绿色、高效、和谐的生态图景。

通常情况下，品牌的发展就如同生命的成长，经历着导入期、成长期、成熟期和潜在的衰退期。而不论处在什么发展阶段，生态范式都能为品牌注入强大的适应力和生命力，成为穿越周期、实现持续韧性增长的关键。

对于处在导入期的品牌，加入一个充满活力的生态系统，不仅能够获得用户、资金、技术、渠道等关键资源的支持，还能借助生态伙伴的影响力快速打开局面。同时，生态系统的开放共享、交互共创机制能够帮助品牌快速把握市场脉搏，为后续的快速成长奠定坚实基础。

进入成长期和成熟期的品牌，随着影响力的不断扩大，品牌可以积极向核心生态企业的角色转变，通过引领用户体验、构建基础设施、攻坚核心技术、守护生态秩序和分享商业价值，激发创新活力，促进生态各方的协同发展，实现共赢共生。

生态品牌建设有望打破品牌兴衰更迭的传统。多样化和异质性的生态伙伴，以及开放多元、动态优化的生态机制为探索新增长点培育了沃土。品牌能够迅速启动并发展第二曲线，通过螺旋式上升的发展模式不断焕发新生机。

生态品牌的蓬勃发展不是一枝独秀的亮丽，而是百花齐放的风采；不是孤峰矗立的奇观，而是群山连绵的壮阔。未来，随着"生态品牌—生态企业—生态经济"的不断发展，我们有理由相信，一个更加包容普惠、高质量和可持续的经济形态将逐步显现，为实现人类社会的生生不息、全面繁荣贡献力量。

参考文献

1 工业互联网产业联盟. 工业互联网体系架构（版本2.0）. 2020.04: 88-89.

2 周云杰. 以工业互联网助力实体经济做强做优. 人民日报. 2023.02.24. http://paper.people.com.cn/rmrb/html/2023-02/24/nw.D110000renmrb_20230224_5-05.htm

3 埃森哲. 技术展望2023|当原子遇见比特. 2023.03. 28. https://www.accenture.cn/content/dam/accenture/final/accenture-com/document/Accenture-TechVision-2023-Chinese-Full-Report.pd

4 德勤人工智能研究院. 人工智能的新篇章：生成式人工智能对企业的影响和意义. 2023.05.06. https://www2.deloitte.com/content/dam/Deloitte/cn/Documents/deloitte-analytics/deloitte-cn-dai-the-impact-and-significance-of-generative-artificial-intelligence-on-enterprises-zh-20230327.pdf

5 戎珂、康正瑶、罗怡宁. 大模型赋能万行万业：生态型商业模式. 中国社会科学评价. 2023年第4期. https://www.cssn.cn/dkzgxp/zgxp_zgshkxpj/2023nd4q_131885/202403/t20240308_5737565.shtml

6 凯文·凯利. 失控. 北京：新星出版社. 2010.02.

7 卡奥斯COSMOPlat官网. 为用户增值，创共赢生态. 2024.07.18. https://www.cosmoplat.com/platform

8 哈佛商业评论. 海尔卡奥斯：为用户增值，创造共赢生态. 2022.09.02. https://news.caijingmobile.com/article/detail/471351?source_id=50

9 Zen Analyst. Meta AI Unleashed: Meta's Astonishing AI-Driven Metamorphosis. 2023.06.12. https://seekingalpha.com/article/4611092-metai-unleashed-meta-astonishing-ai-driven-metamorphosis

10 Kevin Lee, Adi Gangidi, Mathew Oldham. Building Meta's GenAI Infrastructure. 2024.03.12. https://engineering.fb.com/2024/03/12/data-center-engineering/building-metas-genai-infrastructure/

11 骆轶琪. Arm向美SEC递交招股书：中国大陆贡献超2成，关注RISC-V竞争. 21世纪经济报道. 2023.08.22. https://www.21jingji.com/article/20230822/herald/d1f6178d0ce276c0ea08c9d429f388a0.html

12 熊剑辉. 崛起的华为云生态，携手伙伴锻造"硬核"力量. 华商韬略. 2024.01.19. https://www.163.com/dy/article/IOQCFTL1051986UM.html

13/14/15 华为云官网. 服务伙伴发展路径. 2024.07.19. https://www.cosmoplat.com/platform

16 阿尔努·德·梅耶尔. 生态型组织. 中信出版集团. 2022.05.

17 百度. 百度人工智能专利白皮书. 2022.04.26：19-20.

18/20 崔牛会. 钉钉：一路克制边界，一路开放生态. 2023.01.12. https://www.sohu.com/a/628697288_376476

19 黄卫伟. 华为的商业生态战略：活在生态，赢在生态. 砺石商业评论. 2022.07.02. https://m.thepaper.cn/newsDetail_forward_18843002

21 唐丽珠. 共享制造：如何优化制造资源配置和使用效率？上海中创产业创新研究院. 2024.04.29. http://www.zcyj-sh.com/newsinfo/7117335.html

22 李聪廷. 通用大模型被少量科技巨头掌握，AI能带来技术和知识平权吗？观察者网. 2023.05.23. https://www.guancha.cn/licongting/2023_05_23_693630.shtml

23 胡镁心. 工业互联网激辩：要钱还是要面？亿邦动力. 2023.11.27. https://m.ebrun.com/535462.html

24 侯艺. 促进工业互联网创新发展. 经济日报. 2023.08.08. http://paper.ce.cn/pc/content/202308/08/content_278749.html

25 王玮东、胡清元、杨 琳等. 中国制造业高端化面临的挑战及对策建议. 新经济导刊. 2024.01.10. https://nefi.develpress.com/?p=16720

26 WTO. World Trade Report 2023 Re-globalization for a secure, inclusive and sustainable future. 2023.09.12. https://www.wto.org/english/res_e/publications_e/wtr23_e.htm

27 《解读新质生产力》编写组. 解读新质生产力. 北京：新华出版社. 2024.03.

28 向新质生产力要增长新动能. 经济日报：2024.01.29. https://www.gov.cn/yaowen/liebiao/202401/content_6928827.htm

29 《改革》杂志. 黄群慧、盛方富：新质生产力系统：要素特质、结构承载与功能取向. 2024.3.

30 《读懂新质生产力》｜创新驱动、绿色低碳、开放融合、人本 内蕴. 财经网：2024.3.7. https://finance.sina.cn/2024-03-07/detail-inamnsyn-9005296.d.html

31 发展新质生产力需把握协调发展原则——专访中国社会 科学院经济研究所所长黄群慧. 瞭望东方周刊:2024.07.

32 全国政协经济委员会新质生产力研究课题组. 新质生产力的理论贡献、内涵特征和发展路径（深入学习贯彻习近平新时代中国特色社会主义思想）. 2024.07.

33 《解读新质生产力》编写组. 解读新质生产力. 北京：新华出版社. 2024.03.

ECOSYSTEM BRAND
EVALUATION

生态品牌认证

PART

第五部分

05

附 录

致 谢

生态品牌的探索与研究非孤军作战、一蹴而就之事，在生态品牌的发展进程中，我们有幸得各行业实践者分享经验，有幸与各领域专家激荡思想。

感谢专家委员会对2024年生态品牌认证的指导。

专家委员会

Andrew Stephen 安德鲁·史蒂芬	牛津大学赛德商学院教研副院长
曹仰锋	香港创业创新研究院联合创始人及院长、 北京大学光华管理学院管理实践教授
陈宇新	上海纽约大学商学部主任、全球杰出商学讲席教授
Felipe Thomaz 费利佩·托马斯	牛津大学赛德商学院市场营销学副教授、 "未来营销倡议组织"研究学者
刘学	北京大学光华管理学院组织与战略管理系教授
陆定光	法国里昂商学院市场营销学教授、 法国里昂商学院欧亚品牌管理中心主任
王华	法国里昂商学院副校长、亚洲校长、 华东师范大学亚欧商学院法方院长
王幸	凯度集团大中华区CEO暨凯度BrandZ全球主席
于保平	复旦大学管理学院商业知识发展与传播中心主任

（以上名单不分先后）

感谢以下贡献者为2024年生态品牌认证提供了宝贵的专业洞察和支持：

Elizabeth Smethurst，Johnny Panagiotidis，Nicola Dixon，Tamara Sanchez，卜亚君，陈美洁，陈卓，甘翔，何燕臣，侯群，姬丽，李佳骅，李晓睿，李文瑄，廖琦菁，刘佳鑫，刘婷婷，鲁汶婷，马洁瑜，慕现敏，秦莹莹，王娟，王克翀，王蕾，王一冰，武朋，吴姝凌，徐博洋，杨倩，喻伟，张丹丹，赵鹏飞，周哲

（以上名单不分先后）

感谢以下品牌建设者为2024年生态品牌认证做出的积极贡献，感谢以下品牌提供了宝贵的实践案例。

（*按照品牌英文首字母顺序排列）

安 踏

安踏体育是著名的全球体育用品公司。多年来，安踏体育主要从事设计、研发、制造、营销和销售体育用品，向消费者提供专业的体育用品，包括运动鞋、服装及配饰。安踏品牌于20世纪90年代在中国创立。作为中国体育用品行业领导品牌，安踏为消费者提供兼具功能性、专业及科技驱动的体育用品，涵盖包括从大众体育项目，如跑步、综训和篮球等，到专业及小众体育项目的多个领域。

Apple

Apple于1984年推出Macintosh，为个人技术带来了巨大变革。今天，Apple凭借iPhone、iPad、Mac、AirPods、Apple Watch 和 Apple Vision Pro 引领全球创新。Apple 的六大软件平台：iOS、iPadOS、macOS、watchOS、visionOS 和 tvOS，带来所有Apple 设备之间的顺畅使用体验，同时以 App Store、Apple Music、Apple Pay、iCloud 和 Apple TV+ 等突破性服务赋予人

们更大的能力。Apple的15万余名员工致力于打造全球顶尖的产品，并让世界更加美好。

Authentic Brands Group

Authentic Brands Group整合了并购、品牌战略、创意和数字创新业务，赋能旗下全球生活方式和娱乐品牌。作为全球最大的体育与娱乐领域的品牌授权集团，Authentic将品牌与优秀的合作伙伴连接起来，在市场中建立长期价值。

百度

余 欢 百度集团科技与社会研究中心主任
李 悦 百度集团科技与社会研究中心研究员

百度是拥有强大互联网基础的领先AI公司。作为全球为数不多的在芯片层、框架层、模型层和应用层进行全栈布局的企业之一，百度以"用科技让复杂的世界更简单"为使命，坚持技术创新，致力于"成为最懂用户，并能帮助人们成长的全球顶级高科技公司"。

京东方

BOE

司 达　京东方科技集团副总裁、首席品牌官

张 莹　京东方科技集团品牌中心中心长

黄圣杰　京东方科技集团品牌中心品牌管理部部长

孙宏伟　京东方科技集团品牌经理

刘思捷　京东方科技集团品牌经理

京东方科技集团股份有限公司（BOE）创立于1993年4月，是一家领先的物联网创新企业，为信息交互和人类健康提供智慧端口产品和专业服务，形成了以半导体显示为核心，物联网创新、传感器及解决方案、MLED、智慧医工融合发展的"1+4+N+生态链"业务架构。

作为全球半导体显示产业龙头企业，BOE（京东方）带领中国显示产业实现了从无到有、从有到大、从大到强。目前，全球每4个智能终端就有一块显示屏来自BOE（京东方）。截至2023年，京东方累计自主专利申请已超9万件，位列美国专利授权IFI Claims排行榜全球第15位，连续6年跻身全球TOP20。世界知识产权组织（WIPO）专利申请排名全球第5，连续8年进入全球PCT专利申请TOP10。

京东方基于核心基因和能力提出"屏之物联"发展战略，即让"屏幕"集成更多功能、衍生更多形态、植入更多场景。在"对技

术的尊重和对创新的坚持"的基础上，通过科技创新加速打造"新质生产力"，以人工智能、大数据为技术支撑，赋能千千万万物联网细分市场和场景业务发展。

作为一家全球性科技企业，京东方将始终坚持市场化、国际化、专业化发展道路，秉承"技术+品牌"双价值驱动模式，以卓越的技术实力和前瞻性的市场布局加速全球影响力崛起，目前京东方已在全球超过20个国家和地区设有分支机构。

京东方的企业愿景为Best On Earth，代表京东方立志成为"地球上最受人尊敬的伟大企业"的极高志向。京东方的品牌使命是"用心改变生活"，期望以创新科技赋能美好生活。

中信银行

  中信银行成立于1987年，是中国改革开放中最早成立的新兴商业银行之一，是中国最早参与国内外金融市场融资的商业银行，并以屡创中国现代金融史上多个第一而蜚声海内外，为中国经济建设做出了积极贡献。2007年4月，中信银行实现A+H股同步上市。中信银行依托中信集团"金融+实业"综合禀赋优势，以全面建设"四有"银行、跨入世界一流银行竞争前列为发展愿景，坚持"诚实守信、以义取利、稳健审慎、守正创新、依法合规"，以客户为中心，通过实施"五个领先"银行战略，打造有特色、差异化的中信金融服务模式，向企业客户、机构客户和同业客户提供公司银行业务、国际业务、金融市场业务、机构业务、投资银行业务、交易银行业务、托管业务等综合金融解决方案；向个人客户提供财富管理业务、私人银行业务、个人信贷业务、信用卡业务、养老金融业务、出国金融。截至2023年末，中信银行在国内153个大中城市设有1451家营业网点，在境内外设7家附属机构，总资产规模超9万亿元、员工人数超6.5万名。中信银行深刻把握金融工作政治性、人民性，始终在党和国家战略大局中找准金融定位、履行金融职责。2023年，中信银行在"全球银行品牌500强排行榜"排第20名。

中国民生银行

中国民生银行

CHINA MINSHENG BANK

中国民生银行股份有限公司于1996年1月12日在北京成立，是中国第一家主要由民营企业发起设立的全国性股份制商业银行，2000年、2009年先后在上海证券交易所和香港联合交易所上市，现已发展成为一家总资产逾7.6万亿元、净资产逾6200亿元，分支机构2600多家、员工近6.4万名，拥有商业银行、金融租赁、基金管理、境外投行、银行理财等金融牌照的银行集团。成立28年来，中国民生银行始终秉承"服务大众，情系民生"的企业使命，聚焦"民营企业的银行、敏捷开放的银行、用心服务的银行"战略定位，坚持走市场化、差异化经营之路，努力建设一家特色鲜明、持续创新、价值成长、稳健经营的一流商业银行，致力于成就"长青银行，百年民生"的宏伟愿景。2023年，中国民生银行位居英国《银行家》"全球银行1000强"第22位，美国《财富》"世界500强企业"第329位，中国银行业协会"中国银行业100强"第11位。

中粮

中粮（COFCO）是与新中国同龄的国民品牌，中国农粮行业领军者，全球布局、全产业链的国际化大粮商。中粮以农粮为核心主业，聚焦粮、油、糖、棉、肉、乳等品类，同时涉及食品、金融、地产领域。

中粮不断完善农粮主业资产布局，持续提升大宗农产品经营能力，促进农产品采购、储存、加工、运输和贸易环节上下游协同一体，以市场化的方式高效保障粮油供应。2023年底，中粮实现营收6921亿元，利润总额212亿元。在全球，中粮积极推动拓展海外布局，形成了遍及主产区和主销区的农产品贸易物流网络，从事谷物、油脂油料、糖、肉、棉花等大宗农产品采购、储存、加工、运输和贸易，在南美、黑海等全球粮食主产区和亚洲新兴市场间建立起稳定的粮食走廊。中粮近一半营业收入来自海外，农产品全球年经营总量是中国年进口量的一倍以上。

在中国，中粮是最大的粮食市场化品牌，是大豆、小麦、玉米、食糖等农产品进出口的执行主体，为国人提供日常消费的主要农产品品类，旗下"福临门""长城""蒙牛""酒鬼""中茶""家佳康"等子品牌享誉中国市场。

卡奥斯

　　卡奥斯COSMOPlat（简称"卡奥斯"）是海尔基于40年制造经验，首创的以大规模定制为核心、引入用户全流程参与体验的工业互联网平台，以创全球引领的世界级工业互联网平台为使命，构建了跨行业、跨领域、跨区域立体化赋能新范式，赋能多个行业数字化转型升级。

　　卡奥斯首创了集成工业机理模型、知识图谱、数字孪生等模块的BaaS引擎，基于大连接、大数据、大模型的技术体系，形成三大核心竞争力：大规模个性化定制套件、BaaS工业大脑、BaaS工业操作系统，围绕AIoT与数字化创新、资源配置的"一体两翼"产业布局，以"端+云"一体打造"灯塔工厂"和"产业云脑"两大高端系列产品，持续为千行百业提供智能制造解决方案和数据增值服务。

　　经过快速稳健发展，平台估值超164亿元，品牌价值达1027.77亿元；连续五年位居国家级"双跨"平台首位；主导、参与制定ISO、IEEE、IEC、UL四大国际标准，填补了国际空白。目前卡奥斯COSMOPlat赋能海尔智家入选国家首批"数字领航"企业，位居首位，并打造了11座世界"灯塔工厂"，孕育了化工、模具、能源等15个行业生态，并在全球20多个国家推广复制，助力全球企业数字化转型。

太平洋保险

马飞孝　　品牌部副总经理
陈传知　　品牌部经理

1991年5月13日，中国太平洋保险在上海成立。历经三十多年发展，已成长为一家资本雄厚、价值创造、风险管控能力强、专业水平高的国内领先的"A+H+G"股上市综合性保险集团。

太保品牌长期围绕"一个太保，共同家园"，长期实施"太平洋保险"主品牌战略，无论集团、子公司、分支公司，还是产品与服务，主要都使用太平洋保险品牌，确保了"一个太保"的统一形象，并形成品牌合力，共同积聚和使用品牌价值与资产，这是太保的品牌战略优势。

近些年，太保品牌站在高质量发展的新起点上，顺应时代前进趋势，以"建设中国太保品牌新高地"为指引，通过不断提升系统持续的战略规划、与时俱进的品牌形象、协同共赢的合作与营销生态、优质立体的传播内容与渠道和向上向善的 ESG 行动，努力建设成为看得到金融向善、听得懂一线炮火、嗅得到民生需求的品牌。

德力西电气

王　策　德力西电气品牌总监
胡晓春　德力西电气品牌活动及媒体策略负责人
梁　爽　德力西电气品牌公关

作为中国改革开放第一代优秀民营企业，德力西集团历经近四十载的不懈奋斗，在广大客户和合作伙伴的长期信赖与支持下，于2007年与全球500强施耐德电气强强携手，合资成立德力西电气有限公司（简称"德力西电气"）。

德力西电气业务覆盖配电电气、工业控制自动化、家居电气三大领域，致力于以高品质、更卓越的产品与服务，为全球新兴市场客户创造专业、安全、可靠、高效、美观的工业自动化及家庭用电环境，探索中国低压电气行业企业发展新模式。

我们始终秉承客户第一，坚持以技术创新、质量保障、五星服务、品牌驱动、绿色零碳为经营理念，践行绿色可持续发展战略，打造中国低压电气国产品牌首家五星零碳工厂，并于2023年率先全球发布行业首部《绿色可持续发展战略实践指南》，焕发电气全产业链新生态。发展至今，业务遍布全国及海外60个国家及地区，拥有5大自动化工业生产基地，15个物流中心，致力在全球范围内创造最佳客户体验闭环。

我们秉承"客户第一、合作、敏捷、创新、超越"的价值观，全心全意服务于我们的客户，同时携手合作伙伴建立具有统一价值观的社会责任生态圈，通过"德基金"全情回馈社会，用实际行动践行企业社会责任，持续打造具有德力西电气特色的"一老一小传统文化"的企业公益品牌，构建一个有温度的国际化低压电气领军企业。

钉钉

王　铭　钉钉副总裁
罗海英　钉钉开放平台市场合作负责人

钉钉是阿里巴巴集团打造的全球最大企业级智能移动办公平台，是数字经济时代的企业组织协同办公平台和应用开发平台，是新生产力工具和"超级应用"。

在数字经济规模高速增长的今天，钉钉作为数字化、智能化管理思想的载体，通过打造简单、高效、安全、智能的数字化未来工作方式，助力企业的组织数字化和业务数字化，实现企业管理"人、财、物、事、产、供、销、存"的全链路数字化，提升企业的经营管理效率。

截至2023年底，钉钉用户数已经突破7亿。低代码应用已经达到1000万个，全代码应用数超100万。2024年1月，钉钉发布全新的7.5版本，推出全新智能化产品——AI助理。AI　助理既可以属于个人，也可以属于企业，每个人、每家企业都可以创造个性化的、专属的超级助理。2024年4月18日，钉钉AI助理市场宣布上线。

海尔   **Haier**

　　海尔集团创立于1984年，是全球领先的美好生活和数字化转型解决方案服务商，致力于"以无界生态共创无限可能"，与用户共创美好生活的无限可能，与生态伙伴共创产业发展的无限可能。

　　海尔作为实体经济的代表，持续聚焦实业，始终以用户为中心，坚持原创科技，布局智慧住居、大健康和产业互联网三大板块，在全球设立了10大研发中心、71个研究院、35个工业园、143个制造中心和23万个销售网络，连续6年作为全球唯一物联网生态品牌蝉联"凯度BrandZ最具价值全球品牌100强"，连续8年入选"谷歌&凯度BrandZ中国全球化品牌"十强，连续15年稳居"欧睿国际全球大型家电品牌零售量"第一名，连续20年入选世界品牌实验室"世界品牌500强"。

　　集团旗下有6家上市公司，子公司海尔智家位列《财富》世界500强和《财富》全球最受赞赏公司。海尔集团拥有海尔、卡萨帝、Leader、GE Appliances、Fisher & Paykel、AQUA、Candy等全球化高端品牌和全球首个智慧家庭场景品牌三翼鸟，构建了全球领先的工业互联网平台卡奥斯COSMOPlat和大健康产业生态盈康一生。

　　海尔相信：当更多界限被打破，更多有价值的关系被建立，更多的共创才会发生，世界的未来将因此充满无限精彩的可能。

海纳云

C 海纳云

陈　斌　海纳云董事长
任会峰　海纳云智慧水务总经理

海纳云，海尔集团旗下专业的数字城市物联科技公司，深度融合"技术+场景"，让城市更安全。

海纳云承接安全、韧性城市的国家战略，聚焦数字城市应急安全，为用户提供覆盖"咨询设计、软件开发、建设施工、运维管理"全生命周期的软硬件一体化解决方案，做透ToG & ToB两大领域的城市级样板，重点打造城市生命线、燃气安全、水务安全、市政交通安全、电梯安全检测、电力电网、石油、交通运输8大业务场景，目前已承担监测预警平台国家级试点城市建设和近10余个省、20余个城市的数字城市建设项目。

华为

　　华为创立于1987年，是全球领先的ICT（信息与通信）基础设施和智能终端提供商。华为的20.7万员工遍及170多个国家和地区，为全球30多亿人口提供服务。

　　华为致力于把数字世界带入每个人、每个家庭、每个组织，构建万物互联的智能世界：让无处不在的联接，成为人人平等的权利，成为智能世界的前提和基础；为世界提供多样性算力，让云无处不在，让智能无所不及；所有的行业和组织，因强大的数字平台而变得敏捷、高效、生机勃勃；通过AI重新定义体验，让消费者在家居、出行、办公、影音娱乐、运动健康等全场景获得极致的个性化智慧体验。

盈康一生

柴光钦　品牌经理

吕凌宇　营销策划

马洁瑜　品牌经理

盈康一生是海尔集团布局医疗健康产业近20年，于2019年成立的大健康生态品牌。从关注生活质量到关注生命质量，盈康一生坚持原创科技，聚焦临床价值，推进数智融合，深耕生命科学、生物科技、临床医学三大产业，已拥有海尔生物（688139.SH）、上海莱士（002252.SZ）、盈康生命（300143.SZ）3家上市公司。

秉承海尔"以无界生态共创无限可能"的品牌主张，盈康一生积极在环渤海、长三角、大湾区、成渝经济带等地开展产业布局，已拥有6大研发中心，8大科创产业园和2家三甲综合医院等多家医疗机构，并携手生态伙伴成立了全国首个聚焦脑科学、生命科学、血液生态、女性健康等创新赛道的医工科技产业化平台"海医汇"，构建了科技与数智驱动的大健康产业生态。

飞书

飞书是先进企业协作与管理平台。集即时沟通、日历、音视频会议、云文档、云盘、工作台等功能于一体，成就组织和个人，更高效、更愉悦。

康师傅

王世琦　康师傅控股执行长室副总裁兼可持续发展委员会总协调

康师傅控股有限公司（以下简称"康师傅"）主要在中国从事生产和销售方便面及饮品，于1992年开始生产方便面，并于1996年2月在香港联合交易所主板上市，公司总部位于中国上海市。2012年3月，进一步拓展饮料业务范围，完成与PepsiCo中国饮料业务之战略联盟，开始独家负责制造、灌装、包装、销售及分销PepsiCo于中国的非酒精饮料。2021年12月31日，公司市值达116亿美元，为摩根士丹利资本国际（Morgan Stanley Capital International，MSCI）中国指数成份股及恒生中国（香港上市）100指数成份股，2022年11月，康师傅被纳入恒生指数。

康师傅作为中国家喻户晓的民族品牌企业，经过多年的耕耘与积累，深受中国消费者的喜爱和支持。目前康师傅的各大品项产品，皆已在中国食品饮料市场占据显著市场地位。作为中国快消品行业的领导品牌，康师傅肩负引领行业食品安全与质量保障的使命。通过不断构建和完善管理体系，建立风险预防管理机制，实施食品安全的全方位控制，康师傅致力于确保产品质量与安全，为广大消费者提供安全、美味、健康的产品。

米其林

王钰深　米其林中国编辑与媒体关系高级经理
赵伊玄　米其林中国高级公关专员

米其林致力于成为全球领先制造商，为人们提供改变生活的复合物和非凡体验。作为一家在工程材料领域创新超过130年的企业，米其林在推动人类进步和塑造可持续未来方面独具优势。凭借对聚合物复合材料领域的深厚专业知识，米其林不断创新，制造高品质的轮胎和零部件，以满足各种严苛领域的关键应用需求，包括出行、建筑、航天、低碳能源和健康医疗等领域。米其林对产品的精益求精和对客户需求的深入了解，持续激励自身为人们提供最优质的体验。米其林不仅为专业车队提供基于数据和人工智能的互联解决方案，还通过米其林指南推介卓越的餐厅和酒店。

　　1989年，米其林在北京成立了首个中国内地的代表处。本着百

年的创新精神，米其林将先进科技和高质量产品带到中国，1995
年底，米其林沈阳轮胎有限公司成立。2001年，米其林(中国)投资
有限公司在上海成立。目前，米其林在中国拥有近7000名员工和
三家工厂，销售网络遍布全国。

蔚来　　　　　　　　　

　　蔚来是一家全球化的智能电动汽车公司，于2014年11月成
立，致力于通过提供高性能的智能电动汽车与极致用户体验，与用
户共创可持续和更美好的未来。

立邦中国

立邦中国隶属于新加坡立时集团，由祖籍潮州的吴清亮先生创立。目前立时集团已成为全球第四的涂料制造与服务商，业务遍布全球。1990年中国与新加坡正式建交，同年，立时集团开始筹划进入中国。1992年，立时集团在中国注册成立第一家公司，成为较早进入中国的跨国企业之一，"立邦"的命名来自吴清亮先生，寄托着"建立邦交"的美好寓意。立邦中国区总部设立于上海，在中国投资建设超过70家生产基地，员工近1.1万人。如今，立邦的业务范围涵盖建筑领域和工业领域，包括装饰涂料、建筑工程涂料、汽车涂料、船舶涂料、工业涂料、更多建筑材料（含美缝及胶粘剂、防水及瓷砖铺贴、辅材工具等），以及立邦刷新服务。

OATLY

OATLY是全球燕麦植物基领先品牌。在超过25年的时间里，OATLY始终致力于开展燕麦相关的专业研究，通过开发燕麦这一世界性栽培作物的固有属性，推动人类健康和地球可持续发展。对燕麦的投入带来了核心技术的进步，让OATLY得以拓宽乳制品组合的广度，推出包括燕麦饮、燕麦基冰淇淋、酸奶、奶油、涂抹酱等新选择。OATLY总部位于瑞典马尔默，在全球20多个市场均有销售。

上海家化

Jahwa
上海家化

吴　优　高级公关传播经理
刘　赟　公关传播主管

　　上海家化联合股份有限公司是中国日用化妆品行业历史悠久的民族企业之一，前身是成立于1898年的香港广生行，于2001年在上海证券交易所上市，是国内行业中首家上市企业。2011年，上海家化在上海国企中率先实现股份制改革，转变成一家混合所有制企业，中国平安保险(集团)股份有限公司成为了控股股东。经过多年发展，上海家化现已成为一家总部注册在上海的跨国日用化妆品企业。2023年，上海家化实现营业收入近66亿元，在全球范围内拥有四千余名员工，设有两大科创中心和五大工厂，拥有全球领先的研发和制造能力，销售网络遍及亚洲、欧洲、非洲、北美洲和大洋洲。上海家化在国内行业中率先发布了《ESG中长期战略规划纲要》和《ESG中长期规划白皮书》，不断推动"绿色低碳的生态环境，共享共赢的社会价值，更完善的公司治理"的可持续发展战略。2023年，公司在国际知名ESG评级机构MSCI的评级中达到了A级，Wind ESG评级达到AA级，在CDP的气候变化评级中获得B级，均已达成国内行业的ESG最佳水平。未来，上海家化将通过经典专业的品牌、高品质的产品，为消费者创造美丽和健康的生活，成为立足国内、辐射海外的一流日用化妆品公司。

曙光数创

何继盛　总裁
张　鹏　副总裁兼CTO
卢　燕　市场总监

曙光数创，是国家和北京市的"双高新"高科技公司，也是国家和北京市专精特新"小巨人"企业。公司专注数据中心20余年，始终秉承"持续创新数据中心技术，让数字社会更美好"的发展理念，是一家以先进冷却技术为核心竞争力的新一代先进数据中心整体解决方案和全生命周期服务提供商。

中控技术

中控·SUPCON

俞海斌　中控技术高级副总裁兼首席运营官（COO）
吴　斌　中控技术战略&MKT总裁
张　爽　中控技术战略&MKT部总裁助理

中控技术股份有限公司成立于1999年，是国内领先、全球化布局的智能制造整体解决方案供应商。公司拥有强大的研发实力和技术储备，持续推动AI技术的突破与创新，并致力于"AI+数据"核心能力的深度构建及落地应用，目前已覆盖化工、石化、油气、电力、制药、冶金、建材、造纸、新材料、新能源、食品等数十个重点行业的海内外3万多家客户。公司以AI为核心驱动力，为客户提供"AI+安全""AI+质量""AI+低碳""AI+效益"的智能化解决方案，已被广泛应用在50多个国家和地区，为全球流程工业从传统生产制造模式向高度自动化、智能化转变，实现高质量可持续发展注入强大动力，为人类创造更加轻松美好的生活环境。

目前，公司创新性提出"1+2+N"智能工厂新架构，着力构建四大数据基座，以数据价值最大化为核心理念，引领流程工业加速"智变"。同时，公司持续优化服务模式，在工业领域首创"5S店+S2B平台"一站式工业服务新模式，目前已开出覆盖中国643家化工园区和沙特阿拉伯、泰国等海外国家的近200家5S店，真正实现缩小服务半径，缩短响应时间。

特斯拉   TESLA

Tesla正在加速世界向可持续能源的转变。我们设计、制造、销售并维护全世界最好的太阳能技术、能源储存系统和电动车，让用户能够以完全可持续的方式生产、储存和使用能源。

Tesla致力于招募和培养全世界顶尖人才。公司总部位于美国加州，员工遍布四大洲。我们努力营造包容的环境，不以性别、种族、宗教或背景论英雄，唯才是用。

我们的世界级团队推崇打破传统及跨领域合作。不拘一格、挑战权威、推陈出新才是生存之道。我们正致力于解决世界上最困难且最重要的问题。如果缺少将世界变得更美好的共同热情，我们将无法取得成功。

娃哈哈

娃哈哈，创立于1987年。将"就在你身边"作为品牌理念，主张通过为消费者不断创造高品质的、健康的产品，用年轻、活力的方式，为消费者带来快乐的陪伴。经过30多年的精心运营，娃哈哈已成为中国最具知名度、最有竞争力的品牌之一。产品涵盖包装饮用水、蛋白饮料、碳酸饮料、茶饮料、果蔬汁饮料、咖啡饮料、植物饮料、特殊用途饮料、罐头食品、乳制品、医药保健食品等十余类200多个品种，其中纯净水、AD钙奶、营养快线、八宝粥是家喻户晓的国民产品。

37年来，娃哈哈专注食品饮料主业，坚持小步快跑的发展理念，先后投入300多亿元引进国际一流的全自动生产装备、检测仪器和先进技术，建立了国家级企业技术中心、省级企业研究院、博士后科研工作站、CNAS认可实验室，拥有雄厚的科研实力。公司近年来大力发展大健康产业，致力于为国人健康作出新贡献。除食品饮料研发、制造外，娃哈哈持续推进饮料主业转型升级，全面提升智能制造水平，成功自主开发了串、并联机器人、自动物流分拣系统等智能设备，是食品饮料行业具备自行研发、自行设计、自行生产模具、饮料生产装备和工业机器人能力的企业。

万华化学

曲 丽 万华化学品牌经理

万华化学集团股份有限公司是一家全球化运营的化工新材料公司，依托不断创新的核心技术、产业化装置及高效的运营模式，为客户提供更具竞争力的产品及解决方案。

万华化学始终坚持以科技创新为第一核心竞争力，持续优化产业结构，业务涵盖聚氨酯、石化、精细化学品、新兴材料、未来产业五大产业集群。所服务的行业主要包括：生活家居、运动休闲、汽车交通、建筑工业、电子电气、个人护理和绿色能源等。

作为一家全球化运营的化工新材料公司，万华化学拥有烟台、蓬莱、宁波、四川、福建、珠海、匈牙利、捷克十大生产基地及工厂，形成了强大的生产运营网络；此外，烟台、宁波、上海、北京、深圳、匈牙利、西班牙七大研发中心已完成布局，并在欧洲、美国、日本等十余个国家和地区设立子公司及办事处，致力于为全球客户提供更具竞争力的产品及综合解决方案。

万华化学秉承"化学，让生活更美好！"的使命，将一如既往地在化工新材料领域持续创新，引领行业发展方向，为人类创造美好生活！

凯度集团、牛津大学赛德商学院、《财经》杂志介绍

生态品牌认证

生态品牌认证由新华社品牌工作办公室、新华出版社、凯度集团、牛津大学赛德商学院、《财经》杂志联合发起，对传统品牌向生态品牌转型过程中的进展和成效展开评估。通过向全球范围内的品牌开放生态品牌的认证，激励和助力更多企业参与生态品牌建设，把握时代先机，实现基业长青与高质量发展。

凯度集团

作为全球领先的品牌数据与分析机构，凯度是世界级强品牌不可或缺的专业伙伴。我们将有意义的消费者态度和行为数据，强大可靠的数据资源与评估标准体系，以及创新的数据算法与技术相结合，揭示人们是如何思考、感受和行动的。我们帮助客户达成全景心智洞察，塑造卓越品牌未来。

牛津大学赛德商学院

　　牛津大学赛德商学院诞生于新老文化的融合中。这是一所充满活力和创新的商学院，同时深深植根于一所拥有800多年历史的世界顶级大学——牛津大学。赛德商学院开展具有全球影响力的项目和思考，同时指导学生实现商业生涯的成功，并作为学院的一分子积极寻求解决全球问题的方法。赛德商学院提供全球顶级课程，包括备受推崇的MBA、EMBA、诸多专业领域的计算机硕士学位、定制和开放课程组合以及高管认证文凭，并通过开展突破性的研究，改变个人、组织、商业和社会。赛德商学院是一所国际化和开放的学院，其课程参与者来自50多个国家。赛德商学院力求成为一所植根于世界一流大学的全球顶尖商学院，以解决全球范围的问题。

Andrew Stephen 安德鲁·史蒂芬

　　安德鲁·史蒂芬教授是市场、媒体和广告行业的学术权威，致力于研究以技术为中心的未来营销实践。他还是牛津大学赛德商学院的教研副院长。此外，他是牛津大学未来营销倡议组织（Oxford Future of Marketing Initiative）的创始人。该组织是学术研究人员与一些世界领先的品牌、机构和科技公司的合作网络，旨在通过严谨的学术研究和实践的循证思想作为指导来塑造营销学科的未来。他致力于推动营销、消费者心理学和技术的交融。最近，安德鲁教授被美国市场营销协会认可为全球顶级市场营销学者之一，并且在英国排名第一。

Felipe Thomaz 费利佩·托马斯

费利佩·托马斯是市场营销学的副教授，也是"未来营销倡议组织"的研究学者。他是市场战略和数字市场领域的专家，尤其关注公司业绩。他的研究通过图形理论与社会网络分析法为身处数字化浪潮的组织提供了新颖的见解和管理工具。费利佩与许多全球领先的公司、政府和非营利组织保持合作。他曾以专家身份在联合国大会上作报告，并担任牛津马丁学院反非法野生动物贸易项目、牛津互联网研究所技术和选举委员会、牛津人工智能与可持续发展倡议的指导顾问。他是牛津大学多项创新项目的发起者，也是增强智能实验室（Augmented Intelligence Labs）的联合创始人。增强智能实验室是一家校企合作公司，旨在提供前沿的决策支持、智能管理工具和支持全球市场分析的智慧营销技术。

《财经》杂志

《财经》杂志由中国证券市场研究设计中心主办，创刊26年来，始终秉承"独立立场，独家报道，独到见解"的编辑理念，以权威性、公正性、专业性的新闻原则，密切关注中国经济制度变革与现代市场经济进程，全面观察并追踪中国经济改革的重大举措、政府决策的重要动向和资本市场建设重点事件；同时关注海外的重大经济、时政要闻，并通过记者现场采访获取第一手资讯，以大量深入细致的调查报道和深刻前瞻的观点评论，不断扩大中国媒体报道空间与深度，推动改革与开放进程。自2003年起，《财经》年刊正式出版；2008年，《财经》年刊英文版首次刊出。

《财经》杂志现已成为中国最具全球视野和国际影响力的主流媒体之一，是中国政经学界决策者、研究者、管理者的必读刊物，被公认为中国最具影响力的财经新闻杂志之一，具有深厚和广泛的国内、国际影响力。

商标声明

　　凯度的名称、商标、标志或标语始终归凯度所有，且凯度保留所有权利。未经凯度的书面同意，任何组织或个人不可使用本书中与凯度相关的名称、商标、标志或标语。The Said Business School（赛德商学院）隶属于牛津大学，The University of Oxford（牛津大学）和Oxford（牛津）为The Chancellor, Masters and Scholars of the University of Oxford（牛津大学）的注册商标。财经CAIJING MAGAZINE、财经CAI JING MAGAZINE、财经BUSINESS & FINANCE REVIEW为北京《财经》杂志社有限公司的注册商标。在本书中出现的其他注册商标或商标，公司、产品或服务名称以及其他名称，属于各自所有者资产。

免责声明

　　本书所载资料仅供一般参考用，并非针对任何组织或个人的个别情况而提供的专业建议或服务。虽然本书已致力于提供准确和及时的案例及数据，但本书对这些案例及数据在您收取本书时或日后的准确性、完整性和可靠性不做任何明示或暗示的担保。在做出任何可能影响您的财务或业务的决策或采取任何相关行动前，您应咨询专业顾问。凯度集团、牛津大学赛德商学院、《财经》杂志均不对任何基于本书做出的决策或行为而导致的任何损失承担责任。

版权声明

　　本书由凯度集团、牛津大学赛德商学院、《财经》杂志共同制作，请原文转载或不加修改地引用其中的内容、数据或图表，并注明来源"凯度&牛津&《财经》"。未经事先书面授权许可，任何组织与个人不得修改、曲解本书的全部或部分内容，对本书的任何自行加工与解读均不代表凯度集团、牛津大学赛德商学院、《财经》杂志的观点与立场，由此产生的不良影响，凯度集团、牛津大学赛德商学院、《财经》杂志均不承担任何责任，并保留诉诸法律的权利。本书中所有的文字、图片、表格均受《中华人民共和国著作权法》和其他法律法规以及有关国际公约的保护。部分文字和数据采集于公开信息，所有权为原著者所有。凯度集团、牛津大学赛德商学院、《财经》杂志可能不经通知修改本书中的内容，恕不另行通知。

生态品牌认证
官方网站

凯度
微信公众号

财经杂志
微信公众号